建立反腐倡廉宣传教育长效机制研究

建立反腐倡廉宣传教育
长效机制研究课题组 编著

山西出版集团
山西人民出版社

图书在版编目（CIP）数据

建立反腐倡廉宣传教育长效机制研究/《建立反腐倡廉宣传教育长效机制研究》课题组编著．—太原：山西人民出版社，2010.12

ISBN 978-7-203-07057-3

Ⅰ.①建… Ⅱ.①建… Ⅲ.①廉政建设—研究—中国 Ⅳ.①D630.9

中国版本图书馆 CIP 数据核字（2010）第 227784 号

建立反腐倡廉宣传教育长效机制研究

编　　著：《建立反腐倡廉宣传教育长效机制研究》课题组
责任编辑：张建英
装帧设计：石德轩

出 版 者：山西出版集团·山西人民出版社
地　　址：太原市建设南路 21 号
邮　　编：030012
发行营销：0351-4922220　4955996　4956039
　　　　　0351-4922127（传真）　4956038（邮购）
E-mail：sxskcb@163.com　发行部
　　　　sxskcb@126.com　总编部
网　　址：www.sxskcb.com

经 销 者：山西出版集团·山西人民出版社
承 印 者：太原兴庆印刷有限公司

开　　本：787 毫米×1092 毫米　1/16
印　　张：12.25
字　　数：200 千字
印　　数：1-1000 册
版　　次：2010 年 12 月　第 1 版
印　　次：2010 年 12 月　第 1 次印刷
书　　号：ISBN 978-7-203-07057-3
定　　价：28.00 元

课题组成员

课题组组长：

金道铭　（山西省委副书记、省纪委书记、省惩防体系建设领导组副组长）

课题组副组长：

李正印　（山西省纪委副书记、省惩防体系建设领导组办公室副主任）

贾毓杰　（山西省纪委常委、秘书长）

孟　萧　（山西省纪委常委）

课题组成员：

弓　跃　（太原市委常委、市纪委书记）

刘国庆　（朔州市委常委、市纪委书记）

高建国　（长治市委常委、市纪委书记）

赵建平　（运城市委常委、市纪委书记）

霍甫安　（山西省委政研室副主任）

高建生　（山西省委党校副校长）

贾桂梓　（山西省社科院副院长）

王　宏　（山西省科技厅党组成员、纪检组长）

田奇越　（山西省新闻出版局党组成员、纪检组长）

张泽田　（山西省煤炭运销总公司纪委书记）

张稳科　（山西省纪委政策法规研究室主任）
李江龙　（山西省纪委宣教室主任）
胡志国　（山西省委组织部党建研究所所长、省党建研究会秘书长）
石德轩　（山西省纪委预防腐败室正处级副主任）
胡　伟　（朔州市纪委常委）
李玉忠　（长治市纪委政策法规研究室主任）
薛帅军　（运城市纪委政策法规研究室主任）
姜二爱　（杏花岭区委常委、纪委书记）
王建军　（山西省委党校党建教研室副主任、副教授）
庞丽峰　（山西省社科院马列所副所长、助理研究员）
杜创国　（山西大学公管学院院长、教授）
阎军东　（山西省惩防办干部）

序　言

胡锦涛总书记在第十七届中央纪委第五次全会上的重要讲话中指出，要加强对反腐倡廉教育规律性问题的研究，加快形成有利于党员干部坚定理想信念、弘扬优良作风、增强廉洁意识和树立正确的世界观、权力观、事业观的拒腐防变教育长效机制。这一重要论述，对于全面加强反腐倡廉宣传教育工作，增强反腐倡廉宣传教育工作的科学性、规范性、有效性，提高反腐倡廉宣传教育工作的科学化水平具有重要的指导意义。

近年来，山西省各级纪检监察机关按照中央纪委和省委要求，坚持以邓小平理论和“三个代表”重要思想为指导，深入贯彻落实科学发展观，与党委宣传部门、组织部门密切配合，积极探索在世情、国情、党情发生深刻变化的新形势下，加强和改进反腐倡廉宣传教育工作的途径和办法，着力建立健全反腐倡廉宣传教育长效机制，在夯实党员干部廉洁从政思想道德基础，筑牢拒腐防变思想道德防线方面取得了良好效果。坚持示范教育，深入开展学习弘扬太行精神、纪兰精神、双良精神、右玉精神，引导广大党员干部树立正确的世界观、权力观、事业观，大兴良好风气；突出警示教育，大力推进廉政警示教育基地建设，以案施教，以案明纪，警钟长鸣，提高广大党员干部廉洁自律、防微杜渐的自觉性；强化岗位廉政教育，因岗施教，明确岗位职责，认清岗位风险，提高广大党员干部抵御风险能力；搞好跟踪教育，促进违纪人员思想转化，化消极因素为积极因素；拓展社会教育，整合资源，深入开展廉政文化建设，形成以廉为荣、以贪为耻的良好社会氛围，等等。这些实践创新，是各级党委正确领导，各级政府大力支持，各级纪检监察机关、党委宣传部门、组织部门密切配合，广大反腐倡廉宣传教育工作者共同努力的结果，是以改革创新精神推进惩治和预防腐败体系建设，加强反腐倡廉建设的重要体现。

2009年9月，中央纪委惩治和预防腐败体系建设领导小组办公室部署"构建惩治和预防腐败体系问题研究"的课题调研工作，并安排山西省负责其中的"建立反腐倡廉宣传教育长效机制研究"子课题调研工作。为了完成好上级交付的重要工作任务，由省惩防体系办组织，省惩防体系办、省纪委宣教室和太原、朔州、长治、运城市纪委分别牵头，省委党校、省社科院、山西大学公管学院、省青年管理干部学院、省科技厅纪检组、省新闻出版局纪检组、省煤运公司纪委、太原市社科院分别配合，组成六个分课题组，就“建立反腐倡廉宣传教育长效机制”的有关内容开展了广泛深入的调查研究，形成了六个分课题调研报告。省惩防体系办会同山西大学公管学院，在吸收六个分课题调研报告成果的基础上，进一步广泛深入调查研究，形成了“建立反腐倡廉宣传教育长效机制研究”主课题调研报告。《建立反腐倡廉宣传教育长效机制研究》一书，就是上述一个主课题调研报告和六个分课题调研报告的汇编，她是中央纪委惩防体系办“构建惩治和预防腐败体系问题研究”这个重大调研课题的成果之一，也是全省反腐倡廉宣传教育认识创新、实践创新、理论创新的成果之一。

反腐倡廉实践永无止境，反腐倡廉理论创新也永无止境。我们要深入贯彻落实党的十七大和十七届四中、五中全会精神，深刻认识新形势下加强反腐倡廉宣传教育长效机制建设的重大意义，认真总结运用和丰富发展反腐倡廉宣传教育基本经验，大力推进反腐倡廉宣传教育认识创新、实践创新、理论创新、制度创新。

创新是动力，目的在于运用。我们要以认识

创新推动实践创新，以实践创新丰富理论创新，以理论创新激发制度创新，抓紧建立健全适应时代要求的反腐倡廉宣传教育长效机制，切实增强反腐倡廉宣传教育的科学性、规范性、有效性，提高反腐倡廉宣传教育的科学化水平。

是为序。

中共山西省委副书记、省纪委书记　金道铭

2010 年 11 月

加强和改进新形势下廉洁从政教育

金道铭

教育是惩治和预防腐败体系中的基础性环节。党的十七届四中全会提出，要加强廉洁从政教育，改进教育方式，提高教育实效。胡锦涛同志在第十七届中央纪委五次全会上强调，要加强和改进反腐倡廉宣传教育工作，提高反腐倡廉教育的科学性、规范性、有效性。我们必须深刻认识和准确把握加强廉政教育的精神实质、工作重点和目标要求，以改革创新精神积极开拓新思路、破解新课题，推动廉政教育工作深入开展。

一、积极探索新形势下加强和改进廉洁从政教育的新途径

坚持示范教育。示范教育是廉政教育的主要抓手。要注意培养、树立和宣传时代典型，充分发挥其示范导向、激励带动、凝聚感召和鼓舞斗志的作用。要以坚定理想信念、加强党性修养方面的先进典型作示范教育，引导党员干部树立正确的世界观、人生观、价值观和正确的事业观、工作观、政绩观。要以弘扬党的优良传统、勤恳工作、无私奉献的先进典型作示范教育，使党员干部模范学习践行社会主义核心价值观。

突出警示教育。警示教育是廉政教育的有效方式。要积极推进廉政警示教育基地建设，以案施教，以案明纪，为反腐倡廉教育搭建一批固定阵地和全新平台，实现反腐倡廉教育实体化、阵地化、经常化。要注重教育内容的针对性、本土化，通过“用身边的事，教育身边的人”，警示党员干部认识到教训就在身边、诱惑就在眼前、失足就在脚下，进一步提高廉洁自律、防微杜渐的自觉性。要注意将基地集中式的组织教育与各部门经常性的自觉教育有机结合，扎扎实实地搞好各项廉政教育，使警钟无时不鸣，自警自省贯穿始终。2008 年以来，山西省运城市充分利用纪检监察工作成果，在市、县两级建立了 14 个廉政警示教育基地，综合运用典型的腐败案例、直观的图文素材、动情的现身说法等，使廉政教育入耳入脑、触动思想、震撼心灵。

强化岗位教育。岗位教育是廉政教育的重要阵地。要引导党员干部明确岗位职责，认清权力风险，强化廉政意识，提高抵御风险能力。要把重点领域、关键环节和重要岗位作为重中之重，根据不同岗位的职责和可能发生的腐败风险，小处入手，因岗施教，探索建立岗位廉政风险防范机制。要建立健全岗位管理制衡机制，增强约束力和威慑力，强化岗位职权运行中的制衡力。2009 年，山西省把廉政教育的范围扩展至重点领域、关键环节和重要岗位，针对工程建设、煤炭资源整合、企业兼并重组等重大事项，组织全省煤焦领域、工程建设领域的 1900 余名主要领导干部，分批进行了 7 次廉政岗位培训，有效杜绝和减少了“工程上马、干部下马”问题的发生。

搞好跟踪教育。跟踪教育是廉政教育的重要环节。要强化以人为本理念，在严肃惩治腐败的同时，更加关注犯错误的干部查处后的教育管理问题。要从实际出发，针对违纪人员的思想和心理，把握教育转化的内在规律，教育和引导违纪人员明法纪、辨是非，正视错误，调整心态，放下包袱，振作精神，化消极因素为积极因素。要保障违纪人员的合法权利，关心他们的工作和生活。2009 年 3 月以来，山西省河津市分期分批对近 3 年来受过党纪政纪处分的干部进行了“再教育、再回首”活动，对他们晓之以理、动之以情、施之以爱，使他们感到温暖、受到激励，促使他们认识错误、改正错误，收到了良好的效果。

拓展社会教育。社会教育是廉政教育的文化支撑。要拓展领域，整合资源，推动廉政文化深入社会生活各个角落，形成以廉为荣、以贪为耻的思想道德价值标准，营造讲究诚信、崇尚廉洁、尊重法制的社会环境和良好风气。要通过编写廉政文艺作品、组织文艺巡演、播发公益广告等形式，以及基层群众自发的文艺表演、书联交流等活动，将廉政文化和廉政教育融入社会文化之中。近年来，山西省坚持把吸收传统文化精华与弘扬时代精神结合起来，积极开展廉政文化进社区、家庭、学校、机关、企业和农村“六进”活动，为反腐倡廉建设创造了良好的文化氛围。

二、注重研究新形势下廉洁从政教育的特点和规律

更加注重贴近个体。要坚持因人施教，根据党员干

部的不同情况，进行不同内容和形式的教育。坚持因事施教，针对党员干部存在的主要问题、苗头性倾向以及症结根源，确定相应的教育重点。坚持因时施教，把握重大政治经济活动、提拔任用、逢年过节、婚丧嫁娶等特殊时机，对党员干部开展有的放矢的教育。

更加注重结合实际。要紧密结合经济社会发展实际、反腐败斗争实际和党员干部思想实际进行廉政教育，增强针对性、有效性。提高党员干部对党的方针政策、法规纪律的理解力、执行力以及对社会问题的分析力、辨别力，准确了解和掌握他们的真实想法，及时开展思想政治工作，解疑释惑，辨别是非。充分利用廉政文化这个平台，将廉政教育内容形象化、具体化、生动化，使党员干部在潜移默化中形成廉洁从政的价值观念、精神力量和行为准则。

更加注重互动启发。只有克服表面化、简单化、概念化以及照搬照套、生硬灌输、盲目说教等单向式教育方法，充分发挥干部群众在廉政教育中的能动作用，才能调动大家参与的热情，产生思想共鸣、心灵互动。要以讨论辨析的方法进行启发式教育，突出教育的互动性和感召力。围绕焦点热点问题进行诱导式教育，问题大家摆，是非大家辨，道理大家讲，答案大家找，在明辨是非中形成共识。采取寓教于乐的方式进行教育，运用群众喜闻乐见、宜于接受的形式，让干部群众在看、听、娱、悟中接受教育和熏陶。

更加注重综合配套。要按照统筹兼顾、协调推进的要求，积极整合各种廉政教育资源，使之互相协调、同步推进、良性互动。要把示范教育、警示教育、岗位教育等结合起来，形成廉政教育的整体合力；把各级党组织的教育培训和党员干部的自我教育结合起来，把运用“三会一课”等传统教育手段和运用信息技术等现代化手段结合起来，积极探索创新廉政教育的新形式和新方法；把廉政文化建设与社会公德、职业道德、家庭美德、个人品德教育和法制教育结合起来，与群众性文明和谐创建活动结合起来，不断拓展廉政教育的新领域。

更加注重刚性落实。廉政教育必须体现刚性要求，使之成为每个党员干部的必修课。要严明廉政教育纪律，建立健全责任机制，把教育目标要求量化细化，使之由软任务变成硬指标。要对廉政教育进行经常性的严格考核，纳入党风廉政建设责任制考核和精神文明建设考核范畴，考核结果作为干部培养、选拔、管理和奖惩的重要依据。要不断完善廉政教育督查制度，明确责任，严格奖惩。

（原载《求是》2010 年第 4 期）

目　录

总报告

建立反腐倡廉宣传教育长效机制研究

党的十七大，十七届四中、五中全会，《建立健全惩治和预防腐败体系2008－2012年工作规划》等多次提出，要建立健全反腐倡廉宣传教育长效机制。胡锦涛总书记在第十七届中央纪委第五次全会上的重要讲话中进一步指出，要加强对反腐倡廉教育规律性问题的研究，加快形成有利于党员干部坚定理想信念、弘扬优良作风、增强廉洁意识和树立正确的世界观、权力观、事业观的拒腐防变教育长效机制。这一重要论述，对于全面加强反腐倡廉宣传教育工作，增强反腐倡廉宣传教育工作的科学性、规范性、有效性，提高反腐倡廉宣传教育工作的科学化水平具有重要的指导意义。我们要深刻领会讲话精神，加强反腐倡廉宣传教育长效机制研究，切实把握新形势下开展反腐倡廉宣传教育的规律和特点，建立健全适应时代要求的反腐倡廉宣传教育长效机制，进一步提高反腐倡廉宣传教育的制度化、规范化水平。

一、充分认识新形势下建立健全反腐倡廉宣传教育长效机制的重大意义

坚决惩治和有效预防腐败，关系人心向背和党的生死存亡，是党必须抓好的重大政治任务。加强反腐倡廉宣传教育工作，建立健全反腐倡廉宣传教育长效机制，是建立健全惩治和预防腐败体系的重要组成部分，是提高党员干部拒腐防变能力的重要举措，是从源头上防治腐败的重要基础。党的十七届四中全会指出，当今世界正处在大发展大变革大调整时期，党在推进改革开放和社会主义现代化建设中肩负任务的艰巨性、复杂性、繁重性世所罕见。在世情、国情、党情发生深刻变化的新形势下，建立健全反腐倡廉宣传教育长效机制具有重大的意义。

（一）从世情国情党情的深刻变化上充分认识建立健全反腐倡廉宣传教育长效机制的重大意义

从世情看，经济全球化和西方资本主义文化的侵蚀对反腐倡廉宣传教育提出了挑战；从国情看，经济体制变革、社会结构变动和利益格局调整对反腐倡廉宣传教育提出了挑战；从党情看，党员干部队伍的构成变化和党员思想观念的变化对反腐倡廉宣传教育提出了挑战。适应新形势新任务新要求，建立健全反腐倡廉宣传教育长效机制，对于积极应对新挑战具有重要作用。

（二）从维护改革发展稳定大局上充分认识建立健全反腐倡廉宣传教育长效机制的重大意义

围绕中心、服务大局，是开展反腐倡廉宣传教育的根本要求；维护改革发展稳定迫切需要反腐倡廉宣传教育营造氛围和舆论支持。反腐倡廉宣传教育本身就是维护改革发展稳定大局的重要举措。当前，我国仍处于经济转轨、社会转型时期，经济发展和社会建设面临诸多考验，一些长期积累的矛盾和问题难以短时间消除，维护改革发展稳定的任务十分艰巨。按照中央关于加强宣传思想工作的总体部署，深入开展反腐倡廉宣传教育工作，有利于全力塑造党和政府的良好形象，切实维护安定团结、蓬勃发展的良好局面。

（三）从加强党员干部思想道德基础上充分认识建立健全反腐倡廉宣传教育长效机制的重大意义

全方位对外开放条件下，各种思想文化、价值观念的交流、交融、交锋日益频繁，人们思想活动的独立性、选择性、多变性、差异性明显增强，党员干部廉洁从政面临的社会思想文化环境越来越复杂。这就要求我们必须坚持不懈地建立健全反腐倡廉宣传教育长效机制，加强思想道德建设，不断加大反腐倡廉宣传教育力度，夯实党员干部廉洁从政的思想道德基础，筑牢拒腐防变的思想道德防线，引导广大党员干部真正做到为民、务实、清廉。

（四）从全面加强反腐倡廉建设上充分认识建立健全反腐倡廉宣传教育长效机制的意义

当前，反腐倡廉建设既取得明显成效，又面临艰巨复杂的任务，一些领域腐败现象的多发性和严重性造成极坏的社会影响，人民群众对反腐败工作有很高的要求和期待。为此，必须切实加强反腐倡廉宣传教育，既宣传我们党反腐败的方针政策和取得的成绩，又深入分析腐败现象产生的原因，积极引导人们正确认识反腐败斗争的长期性复杂性艰巨性，警惕敌对势力利用一些腐败案件丑化党和政府、丑化我国社会主义制度的险恶用心，形成有利于党风廉政建设和反腐败斗争深入开展的社会氛围和舆论环境。

（五）从积极应对新兴媒体的挑战上充分认识建立健全反腐倡廉宣传教育长效机制的重大意义

随着互联网的发展，人民群众参与反腐倡廉的渠道更宽了。这一方面有利于更好地宣传中央有关反腐倡廉建设的重大决策和工作部署，更快更好地了解掌握社情民意、回应社会关切；另一方面，面对网络自由、网络信息失真、网络侵权等问题，迫切需要反腐倡廉宣传教育工作适应互联网新兴媒体的新发展、新趋势，牢牢占领互联网这个阵地，加强反腐倡廉网络舆情的收集、研判与处置，不断提高网络舆论引导的能力和水平，充分发挥互联网的正面效用，努力打造反腐倡廉建设深入发展的网络舆论平台。

二、改革开放以来加强反腐倡廉宣传教育长效机制建设取得的主要成效及存在的问题

改革开放三十多年来，中国共产党在长期执政的实践中，面对长期、复杂、严峻的执政考验、改革开放考验、市场经济考验、外部环境考验，居安思危，坚持党要管党、从严治党，始终把反腐倡廉建设摆在更加突出的位置来抓，不断取得新的明显成效。反腐倡廉宣传教育工作与时俱进，体制机制制度不断完善，在深入推进反腐倡廉建设中发挥了重要作用，为反腐倡廉建设提供了强大的思想保障和舆论支持。

（一）把反腐倡廉宣传教育纳入党的宣传工作格局

之中，不断完善领导体制和协作配合机制

1979年，中央纪委第一次全会提出：要把“协助各级党委，对党员加强党的纪律教育和党的优良传统教育”作为各级纪委的首要任务。这就把反腐倡廉宣传教育摆在了党的纪律检查机关工作职能的重要位置上。1983年，在党的纪律检查机关设立了专门的党的纪律教育机构。1985年9月，邓小平同志在党的全国代表会议上指出：“当前的精神文明建设，首先要着眼于党风和社会风气的根本好转。”这就把反腐倡廉宣传教育纳入到了全党宣传教育总体部署之中。1993年8月，江泽民同志在中央纪委第二次全会上，要求中央宣传部对反腐败工作的宣传作出专门安排，明确提出了全党动手共同抓反腐倡廉宣传教育的思想。2004年1月，胡锦涛同志在中央纪委第三次全会上的讲话中强调：“思想道德教育是一项社会系统工程，需要各方面大力协调配合。纪检监察、组织人事和宣传思想等部门要做好经常性的反腐倡廉教育工作，广播、电视、报刊和互联网等大众媒体要努力营造反腐倡廉的舆论氛围，理论政策研究部门要加强反腐倡廉理论的研究和宣传，党校、行政学院的教学培训要充实反腐倡廉教育的内容。总之，要采取综合措施，努力形成反腐倡廉教育的强大合力，推动反腐倡廉教育工作的深入开展。”2003年，中央纪委监察部内部各宣传教育单位建立了例会制度，中央纪委监察部与中央组织部、中央宣传部、文化部、广电总局、新闻出版总署以及中央主要新闻单位建立了党风廉政宣传教育部级联席会议制度和局级协调会议制度。

2004年12月召开的全国宣传部长会议，第一次把加强反腐倡廉的宣传作为一项重要任务，向全国宣传思想战线作出了部署。在长期的反腐倡廉宣传教育实践中，各级纪检监察机关与党委宣传部门普遍建立了联席会议制度和协调会议制度，纪检监察机关认真履行党章赋予的协助党委组织协调反腐败工作的职责，主动向党委宣传部门提出纪检监察机关开展反腐倡廉宣传教育工作的思路和部署，在党委宣传部门领导下主动做好纪检监察机关的反腐倡廉宣传教育工作。党委宣传部门主动征求纪检监察机关开展反腐倡廉宣传教育工作的部署和要求，结合实际纳入年度党的宣传思想文化建设计划之中，一起动员部署，一起检查考核，积极组织开展反腐倡廉重大宣传教育活动。这样，就逐步形成了党委宣传部门把反腐倡廉宣传教育纳入党的宣传思想文化格局之中加强领导，纪检监察机关把反腐倡廉宣传教育纳入协助党委组织协调反腐败的重要工作并加强领导的双重领导格局，形成了党委宣传部门和纪检监察机关通过联席会议制度和协调会议制度加强协调配合的工作机制，形成了党委宣传部门和纪检监察机关共同抓反腐倡廉宣传教育工作的合力。

（二）把反腐倡廉宣传教育纳入党的建设重大部署和党员干部培训教育之中，不断完善教育和培训机制

改革开放以来，历次党的代表大会，都要对加强党员干部教育作出部署，提出要求。1998年在县级以上党政领导班子、领导干部中深入开展的以“讲学习、讲政治、讲正气”为主要内容的党性党风教育，2005

年在全党开展的以实践“三个代表”重要思想为主要内容的保持共产党员先进性教育活动，2008年在全党开展的深入学习实践科学发展观活动等多次党的建设重大部署中，都把党的纪律和反腐倡廉教育作为基本内容。各地各部门建立健全党员干部反腐倡廉培训教育机制，把反腐倡廉教育列入干部教育培训计划，纳入各级党校、行政学院及其他干部培训机构教学计划，定期举办领导干部廉洁从政教育专题培训班，在领导干部任职培训、干部在职培训中开设廉政教育课程，对深入推进党员干部廉政教育和培训发挥了重要作用。

（三）加强反腐倡廉宣传教育制度建设，为深入开展反腐倡廉宣传教育提供有力保障

1990年8月，中央纪委下发《党的纪律检查机关党风党纪工作纲要（试行）》，明确了党风党纪教育工作的指导思想和方针，内容、形式和方法，以及纪检机关对党的组织和党员进行党风党纪教育的工作任务。党的十五大报告指出，反腐败要坚持标本兼治、综合治理，教育是基础，法制是保证，监督是关键，明确了反腐倡廉宣传教育的基础地位。开展以实践“三个代表”重要思想为主要内容的保持共产党员先进性教育活动结束后，中央办公厅下发《关于加强党员经常性教育的意见》，对加强党员经常性教育的总体要求、主要目标和工作原则，基本内容和方法途径，保障措施，加强组织领导等方面提出了意见。各级各部门普遍建立健全了党委（党组）理论学习中心组学习制度，党政主要负责同志带头讲党课制度。2010年3月，中央纪委、中

央宣传部、监察部、文化部、广电总局、新闻出版总署联合下发《关于加强廉政文化建设的意见》，对加强廉政文化建设的重要意义、指导思想和基本原则，大力培育和弘扬廉洁价值理念，广泛开展廉政文化创建活动，积极推动廉政文化产品的创作和传播，加强对廉政文化建设的领导等方面提出意见。各地各部门按照建立健全惩治和预防腐败体系《实施纲要》和《工作规划》的要求，在开展反腐倡廉宣传教育工作中，出台了加强领导干部理想信念教育、党性党风党纪教育、廉洁从政教育的意见以及加强廉政文化建设的意见，建立健全了加强廉政教育基地建设、加强互联网反腐倡廉舆论管理的制度等，为深入开展反腐倡廉宣传教育提供了制度保障。

（四）坚持以领导干部为重点，面向全党深入开展反腐倡廉宣传教育

自1993年8月，中央纪委二次全会确定党政领导干部带头廉洁自律，查处大案要案，纠正部门和行业不正之风三项工作作为反腐败斗争的基本格局以来，反腐倡廉宣传教育不断深化，逐步形成了以领导干部为重点，面向广大党员干部，以立足于教育，着眼于防范，建立起拒腐防变的思想道德防线为目标，开展反腐倡廉宣传教育的局面；形成了运用理论教育、示范教育、警示教育、主题教育、自我教育等方式，通过三会一课、理论中心组学习、专题辅导、民主评议、廉政谈话、廉政培训、电化教育和网络教育、廉政文艺、报告会、知识测试等途径开展党内反腐倡廉教育的工作机制；形成

了以树立马克思主义的世界观、人生观、价值观和正确的权力观、地位观、利益观为根本，以艰苦奋斗、廉洁奉公为主题，以更好地做到立党为公、执政为民为目标，坚持进行党的基本理论、基本路线、基本纲领和基本经验教育，进行理想信念和廉洁从政教育、党的优良传统和作风教育、党纪条规和国家法律法规教育等方面为主要内容的党内教育内容体系。

（五）加强廉政文化建设，面向全社会深入开展反腐倡廉宣传教育

2004年1月，胡锦涛同志在中央纪委三次全会上的重要讲话中指出，反腐倡廉教育要面向全党全社会。这是反腐倡廉宣传教育指导思想上的与时俱进。党的十六届六中全会指出，要“推进廉政文化建设，筑牢拒腐防变的思想道德防线”。各地各部门不断深化对加强廉政文化建设重要性的认识，围绕建设社会主义核心价值体系，以守法、诚信、道义以及公民在监督公共权力行为方面的权利和义务为主要内容，以形成“以廉为荣、以贪为耻”的社会风尚为目标，将反腐倡廉宣传教育与社会公德教育、职业道德教育、家庭美德教育、个人品德教育和法制教育有机结合起来，通过编写廉政文艺作品、组织文艺巡演、播发公益广告等形式，以及基层群众自发的文艺表演、文化交流等活动，深入开展廉政文化进机关、进家庭、进农村、进社区、进学校、进企业活动，深入挖掘红色纪念馆、博物馆、展览馆、爱国主义教育基地等教育资源中蕴藏的反腐倡廉题材，打造开展反腐倡廉宣传教育的新平台，引导广大干部群

众正确、理性、积极举报消极腐败现象，主动参与反腐败工作，形成了面向全社会开展反腐倡廉宣传教育的工作机制。

（六）深入开展反腐倡廉宣传，营造良好舆论氛围

把加强反腐倡廉舆论宣传工作摆在重要位置，深入宣传党的反腐倡廉理论、方针政策、形势任务、基本经验和工作成果，宣传勤廉兼优的先进典型；在党报党刊、电台电视台和重点新闻网站、政府网站开办反腐倡廉专栏专题节目，完善反腐倡廉新闻发布制度，做好反腐倡廉对外宣传工作，严格执行反腐倡廉新闻宣传纪律；建立健全纪检监察、宣传文化、公安、通信管理和重点新闻网站、政府网站、重点商业网站等参加的反腐倡廉网络文化建设联席会议制度，完善网上反腐倡廉舆情监测、报告机制和快速反应机制，加强反腐倡廉网络文化建设和管理，开展反腐倡廉网上宣传和热点问题引导，形成了开展反腐倡廉舆论宣传的工作机制。

（七）创新反腐倡廉宣传教育途径，增强反腐倡廉宣传教育的针对性和有效性

为了破解长期以来存在的反腐倡廉宣传教育不扎实问题，各地各部门积极探索创新加强和改进反腐倡廉宣传教育的新途径、新机制。主要是坚持示范教育，注意培养、树立和宣传时代典型，充分发挥其示范导向、激励带动、凝聚感召和鼓舞斗志的作用。突出警示教育，建立廉政警示教育基地，实现反腐倡廉教育实体化、阵地化、经常化；注重教育内容的本土化、针对性，通过“用身边的事、教育身边的人”，警示党员干部认识到

教训就在身边、诱惑就在眼前、失足就在脚下；综合运用典型的腐败案例、直观的图文素材、动情的现身说法等，使廉政教育入耳入脑、触动思想、震撼心灵。强化岗位教育，加强对重点领域、关键环节和重要岗位上党员干部的廉洁从政教育，从小处入手，因岗施教，探索建立岗位廉政风险防范机制；把预防腐败的要求贯穿在重点领域经济社会发展重大工作任务落实、反腐倡廉专项工作任务落实过程之中，突出了岗位廉政教育的针对性。搞好跟踪教育，关注犯错误的干部查处后的教育管理问题，教育和引导违纪人员正视错误，振作精神，化消极因素为积极因素。

（八）完善反腐倡廉宣传教育保障机制，推进反腐倡廉宣传教育深入开展

随着反腐倡廉建设的深入推进，特别是把反腐倡廉宣传教育纳入惩治和预防腐败体系系统之中后，一些地方将反腐倡廉宣传教育经费纳入了本级财政预算予以保障，一些地方党委组织部门从留用党费中划拨一定比例用于反腐倡廉宣传教育工作，一些地方从政府领导专项经费中划拨一部分用于专项反腐倡廉宣传教育活动，为反腐倡廉宣传教育工作开展提供了财力保证。2010 年 5 月，中央纪委监察部命名第一批 50 个全国廉政教育基地，为广大党员干部接受廉政教育、加强党性锻炼提供了重要场所，为广大群众培养廉洁意识、弘扬清风正气提供了重要阵地，为青少年学习廉政知识、陶冶道德情操提供了重要课堂。1998 年以来，各地各部门把反腐倡廉宣传教育列入党风廉政建设责任制考核重要内容，

通过加强考核推动反腐倡廉宣传教育工作深入开展。2009年，各地各部门按照《中共中央纪委关于推进惩治和预防腐败体系建设的检查办法（试行）》和《开展2009年度推进惩治和预防腐败体系建设检查工作方案》，对包括反腐倡廉宣传教育工作在内的推进惩治和预防腐败体系建设工作进行了检查考核，推动了反腐倡廉宣传教育工作的深入开展。

改革开放以来，反腐倡廉宣传教育取得了明显成效，党员干部廉洁从政意识进一步增强，拒腐防变思想道德防线进一步牢固，反腐倡廉宣传教育长效机制进一步健全，人民群众支持和参与反腐败的热情进一步激发，全党全社会反腐倡廉的氛围进一步浓厚。但是，也要看到，由于多方面的原因，一些党员、干部理想信念动摇、宗旨意识淡薄，拜金主义、享乐主义、极端个人主义思想滋长；不少中青年干部缺少严格政治生活锻炼和重大政治风浪考验，容易受腐败病毒的感染。这说明，反腐倡廉宣传教育长效机制不够健全，教育不扎实的问题不容忽视。主要是：

第一，反腐倡廉宣传教育制度需要进一步健全。反腐倡廉宣传教育是惩治和预防腐败体系的重要组成部分，加强反腐倡廉宣传教育制度建设，形成内容科学、程序严密、配套完备、有效管用的反腐倡廉宣传教育制度体系，是深入开展反腐倡廉宣传教育的重要保障。一些重要的反腐倡廉宣传教育制度还没有建立，一些已经建立的制度还不完全适应形势任务的要求，有利于党员干部坚定理想信念、弘扬优良作风、增强廉洁意识和树立正确的世界观、权力观、事业观的拒腐防变教育长效机制还不够完善。

第二，反腐倡廉宣传教育内容需要进一步完善。改革开放三十年来，反腐倡廉宣传教育对象的年龄、文化、知识结构发生了很大变化，世情、国情、党情发生了深刻变化。一些地方的反腐倡廉宣传教育内容陈旧，说教不少但说服力不强；一些地方选树的先进典型“鲜活度”不够，感染力不强；一些地方剖析警示教育素材不够深入，分析不够透彻，发挥治本功能不够理想；普遍存在对宣传教育对象细分不够，内容同一化现象严重，针对性不强的问题。

第三，反腐倡廉宣传教育方式方法需要进一步改进。当前，信息化的深入发展，深刻地改变着宣传教育工作的内外环境，改变着信息传播方式和舆论形成机制。一些地方的反腐倡廉宣传教育观念落后，方式陈旧，缺乏吸引力、影响力；一些地方的反腐倡廉宣传教育存在着“形式主义”倾向，花费不少，效果不好；一些地方违背宣传教育规律开展有关活动，引发逆反心理，效果适得其反。

第四，反腐倡廉宣传教育评估检查机制需要进一步建立。反腐倡廉宣传教育是一项影响人的思想、行为的重要工作，需要建立符合其本质规律的评估检查办法对其效果作出科学、客观的评价，以衡量其投入产出效果，不断提高工作水平和质量。一些地方在开展反腐倡廉宣传教育中满足于我做了，对做得怎么样考虑不够；一些地方的反腐倡廉宣传教育检查评比办法导向不够正确，助长了工作中的“形式主义”。

第五，反腐倡廉宣传教育保障机制需要进一步完善。运用新技术、新手段开展反腐倡廉宣传教育需要一定的财力、人力保障。一些地方对反腐倡廉宣传教育的经费投入不够，设备陈旧，技术落后，人员素质不适应网络时代开展工作要求，影响了反腐倡廉教育工作的效力。

第六，全党全社会开展反腐倡廉宣传教育的合力需要进一步加强。党委宣传部门是负责全局性思想政治工作的职能部门，党委组织部门是负责党员发展、教育和管理的职能部门，纪检监察机关是协助党委组织协调反腐败工作的专门机关，对党员进行纪律教育是重要职能之一。由于缺乏效力较强的反腐倡廉宣传教育组织协调制度，一些地方党委宣传部门、组织部门和纪检监察机关在开展反腐倡廉宣传教育方面的组织协调还不够有力，分工还不够明确，合力还不够强劲。

三、进一步建立健全反腐倡廉宣传教育长效机制

建立健全反腐倡廉宣传教育长效机制，切实解决教育不扎实的问题，是胡锦涛总书记多次强调，党的十七大，十七届四中、五中全会，惩治和预防腐败体系《工作规划》和中央纪委全会多次部署，加强和改进新形势下反腐倡廉建设迫切需要解决的一项重大课题。要坚持解放思想、统筹协调、突出重点、实用有效的原则，以提高反腐倡廉宣传教育科学化水平为目标，以解决影响反腐倡廉宣传教育针对性、有效性的突出问题为重点，加快反腐倡廉宣传教育的体制机制制度建设，确

保完善惩治和预防腐败体系的战略目标如期实现。

（一）要加强对反腐倡廉宣传教育工作的领导

加强和改进新形势下的反腐倡廉宣传教育工作，情况更加复杂，任务更加艰巨，挑战更加严峻，必须建立健全领导体制和组织协调机制，进一步加强对反腐倡廉宣传教育工作的领导。各级党委要充分认识新形势下深入开展反腐倡廉宣传教育工作，对于加强党的建设、巩固党的执政地位、推进中国特色社会主义事业的重要意义，把加强和改进新形势下反腐倡廉宣传教育工作纳入加强党的执政能力建设和先进性建设的战略部署，纳入社会主义核心价值体系的建设布局，纳入党风廉政建设责任制检查考核的重要内容，纳入推进惩治和预防腐败体系建设的重要任务，切实履行好加强领导的责任，特别是党委主要负责同志要履行好第一责任人的职责。各级领导班子成员、领导干部都要坚持“一岗双责”，自觉把反腐倡廉宣传教育工作融入经济社会发展的重大决策部署之中，融入学习型党组织建设之中，融入具体的业务工作之中，融入经常性的活动和日常管理之中。要着眼形成反腐倡廉宣传教育工作的合力，进一步完善党委宣传部门和纪检监察机关共同牵头开展反腐倡廉宣传教育工作的制度，定期协商加强反腐倡廉宣传教育工作的重大决策部署，把反腐倡廉宣传教育工作任务纳入党的宣传工作格局之中，统一部署、精心组织、认真落实。要建立健全反腐倡廉宣传教育工作联席会议制度，经常分析研究和解决反腐倡廉宣传教育工作面临的新情况、新问题，加强工作指导；将重大工作任务细化分解，落实到联席会议成员单位头上，提出具体要求，调动党政各部门、社会各方面开展反腐倡廉宣传教育工作的积极性；加强重大宣传教育活动的组织协调、资源整合，分类指导、督促检查，形成分工负责、齐抓共管、左右协调、上下联动的反腐倡廉宣传教育工作格局和科学高效的组织协调机制。

（二）要加强反腐倡廉宣传教育理论的研究

理论是行动的指南。要着眼于提高反腐倡廉宣传教育工作科学化水平，切实解决反腐倡廉宣传教育工作中存在的针对性、实效性不强问题，高度重视、大力加强反腐倡廉宣传教育规律性问题的研究，坚持一切从实际出发，坚持理论联系实际，及时总结反腐倡廉宣传教育的实践，把经验上升为理论，用以指导反腐倡廉宣传教育实践，推进反腐倡廉宣传教育理论与实践的创新。要建立健全实际工作者、理论研究部门和学术团体共同研究反腐倡廉宣传教育的制度和机制，发挥党委宣传部门、纪检监察机关、党校、社会科学研究机构、高等院校等有关反腐倡廉理论研究机构的各自优势，把实际工作者的研究与专家学者的研究结合起来，把实际工作者的实践经验与专家学者的理性思考结合起来，催生反腐倡廉宣传教育认识成果、实践成果、理论成果、制度成果。要加强国际交流与合作，注意研究国外在开展反腐倡廉宣传教育方面的有益做法，借鉴先进经验，为我所用。要加强反腐倡廉宣传教育理论成果的转化，开辟转化平台，拓宽转化途径，完善转化制度，指导反腐倡廉宣传教育实践。

（三）要加强反腐倡廉宣传教育制度的建设

加强反腐倡廉宣传教育的制度建设是反腐倡廉制度建设的重要内容，是反腐倡廉宣传教育长效机制的内在要求。要完善以加强对领导干部教育为重点的相关制度建设，制定贯穿干部培养、选拔、管理、使用全过程的反腐倡廉教育实施办法，以制度明确教育目标、落实教育责任、规范教育内容、拓宽教育领域，提高反腐倡廉宣传教育的科学性、规范性、有效性。要制定党员干部接受反腐倡廉宣传教育的纪律规定，建立健全责任机制，强化廉政教育的刚性要求，使接受廉政教育成为每个党员干部的必修课。要建立健全党员干部接受反腐倡廉宣传教育的激励制度，强化廉政教育的导向作用，使接受廉政教育成为每个党员干部的内在需求。要完善党员干部提拔使用廉政考试制度，将廉政考试成绩作为党员干部提拔使用的必要条件，以考促学，切实发挥反腐倡廉教育在预防腐败中的基础性作用。要建立健全反腐倡廉新闻发布、对外宣传等制度，完善纪检监察机关、检察机关等反腐倡廉专门机关新闻发言人制度，提高反腐倡廉新闻传播能力，通过主导舆论、引导舆论、影响舆论，形成既有利于坚决查办腐败案件，又有利于维护党和政府良好形象的舆论环境。要抓好宣传教育制度的贯彻落实，继续引导领导干部讲党性、重品行、作表率，带头遵守《中国共产党党员领导干部廉洁从政若干准则》，通过执行制度深入推进反腐倡廉宣传教育工作。

（四）要加强反腐倡廉宣传教育队伍的建设

常言说“身教胜于言教”，孔子说：“其身正，不令而行；其身不正，虽令不从。”反腐倡廉宣传教育不仅是知识教育，更是形象教育、示范教育、引导教育，施教者的形象、素质对宣传教育的效果有着重要的影响。所以，必须优化反腐倡廉宣传教育工作队伍，建立一支适应形势任务要求的高素质的宣传教育工作队伍，着力提高宣传教育的专业化水平和普及化能力。要坚持和完善党委（党组）中心组学习、主要负责同志定期讲党课等制度，尝试建立优秀负责同志定期讲党课制度，着力解决一些地方存在的“台上他说、台下说他”，“台上说教、台下说话”等问题，提高主要负责同志定期讲党课的宣传教育效果。要建立反腐倡廉宣传教育工作者资格准入制度，按照政治强、业务精、纪律严、作风正的要求，努力打造一支数量相对稳定、学历水平逐步提高、年龄构成日趋合理、知识结构和专业特长互促互补，思想理论好、综合素质高、具有丰富党务工作和群众工作经验的复合型反腐倡廉宣传教育工作队伍，着力解决一些地方反腐倡廉宣传教育中存在的“负作用”大于“正作用”的问题。要建立健全基层反腐倡廉宣传教育工作队伍建设机制，做到组织落实、人员落实、责任明确、制度健全。要建立健全反腐倡廉宣传教育工作者选拔、培养、使用、交流等机制制度，吸引和选拔一批群众信得过、有能力、有激情、想干事、愿奉献的人才到反腐倡廉宣传教育工作一线，进一步充实和稳定队伍；把对反腐倡廉宣传教育工作者的培训纳入党的宣传文化思想领域干部培训总体规划，分期分批进行系统培训，着力提高思想政治素养，不断提高开展宣传教育工作的本领；从政治上、工作上、生活上关心反腐倡廉宣传教育工作干部，多帮助他们解决实际问题，加大交流使用力度，充分调动广大宣传教育工作者的积极性、主动性和创造性。

（五）要加强反腐倡廉宣传教育内容的针对性

反腐倡廉宣传教育工作必须立足社会主义初级阶段的实际，紧扣时代脉搏，准确把握党员干部思想发展变化的规律和特点，提高宣传教育的针对性和有效性。要建立健全反腐倡廉形势定期分析制度，准确把握一个时期反腐倡廉的特点和趋势，确定反腐倡廉宣传教育的内容。要建立健全党性定期分析制度，完善常规分析、重点分析、全面分析办法，找准党员党性方面存在的突出问题，确定反腐倡廉宣传教育工作的内容。要建立健全岗位廉政风险定期分析制度，针对同类岗位存在的廉政风险，确定反腐倡廉宣传教育工作的内容。要建立健全征询反腐倡廉宣传教育意见的制度，通过召开座谈会、个别谈话、问卷（统计）调查、征求意见函等形式，了解党员干部对反腐倡廉宣传教育内容的要求，确定反腐倡廉宣传教育工作的内容。要认真剖析重大典型违纪违法案件发生发展的主客观原因，认真分析群众信访举报中反映的损害群众切身利益的突出问题，认真辨析开展反腐倡廉定期检查、专项督查和调查研究中发现的党风廉政建设方面存在的突出问题，确定反腐倡廉宣传教育的内容。要加强反腐倡廉法规制度的宣传教育，根据制定、修订、颁布、废止重要反腐倡廉法规制度的需要，确定反腐倡廉宣传教育的内容。

（六）要加强反腐倡廉宣传教育有效途径的探索

针对党员干部工作岗位的性质、职责、特点和发生腐败的风险，把反腐倡廉宣传教育融入党员干部履行岗位职责的过程之中，开展岗位廉政教育，是新形势下提高党风廉政教育效果的有效途径。要切实完善岗位廉政教育制度，把岗位廉政教育融入党的基层组织和党员开展创先争优活动之中，融入岗位廉政风险防控机制建设之中。要加强反腐倡廉宣传教育工作部门与党政部门、国有企业、高等院校、社科领域等在开展岗位廉政教育中的协作配合，共同分析岗位廉政风险的特点和规律，共同协商解决宣传教育的重点和难点，把开展岗位廉政教育与建立岗位廉政风险防范机制有机结合起来，完善岗位权力运行制衡机制，加强权力运行监督、管理和控制，增强防范廉政风险能力，提高岗位廉政教育的效果。要把重点领域、关键环节和重要岗位作为重中之重，加大岗位廉政教育力度，引导党员干部明确岗位职责，认清权力风险，强化廉政意识，提高抵御风险的能力。

（七）要加强反腐倡廉宣传教育方式方法的创新

改革创新是解决教育不扎实问题，提高反腐倡廉宣传教育工作水平和质量的强大动力。要构建充分发挥教育说服力和制度约束力整体功效的党性党风党纪教育机制，把理想信念教育和廉洁从政教育融入各项制度规范之中，把《中国共产党党员领导干部廉政准则》教育融入思想作风、学风、工作作风、领导作风和生活作风的建设之中。要完善示范教育、警示教育等制度，加强纪检监察机关、党委组织部门、党委宣传部门之间在发现、挖掘、培养、宣传富有时代精神、具有优秀品质的先进典型中的协作配合，既宣传廉政勤政先进典型的感人事迹，又宣传廉政勤政先进典型的成长进步，将“不让老实人吃亏”的要求落到实处，让先进典型立得住、推得开；要健全完善发挥查办案件治本功能联席会议制度，加强宣传教育部门与查办案件部门在重大典型案件剖析中的协作配合，为宣传教育部门适时介入案件查办工作、在查办案件过程中挖掘警示教育素材提供便利，及时运用查办案件的成果开展警示教育，充分发挥查办案件的治本功能。要认真落实《关于加强廉政文化建设的意见》，深入开展廉政文化创建活动，把培育廉洁价值理念与培育规则意识结合起来，以党员干部廉洁从政的行为规范引导社会公众形成崇尚廉洁、鄙弃贪腐的价值观念，以社会公众“以廉为荣、以贪为耻”的社会氛围促进党员干部廉洁从政。要把握反腐倡廉宣传教育的规律和特点，建立健全因地、因事、因时施教的个性化反腐倡廉宣传教育机制，充分运用个别谈心、耐心疏导、平等交流、民主讨论等方法，注重人文关怀和心理疏导，把防范教育落实在容易产生心理失衡的敏感地点、敏感事项、敏感时段，使反腐倡廉宣传教育工作做到入情入理、潜移默化。要积极发挥科技手段在反腐倡廉宣传教育中的重要作用，提高利用录音、广播、电视、幻灯、电影等现代传播手段开展反腐倡廉宣传教育的能力和水平，使宣传教育形象化、具体化、生动化。要推动各学科最新成果在开展反腐倡廉宣传教育中的运用，把政治学、管理学、法学、经济学、心理学等学科的理论运用到宣传教育工作中，提高反腐倡廉宣传教育的说服力、感染力。要加强反腐倡廉宣传教育与完善制度、加强监督、深化改革、严格纠风、坚决惩治六个要素之间的良性互动，互相支持，互相促进，充分发挥惩治和预防腐败体系的综合效应。

（八）要加强反腐倡廉网上宣传教育工作

要充分认识以互联网为代表的新兴媒体的社会影响力，高度重视和积极研究“三网”融合后开展反腐倡廉宣传教育工作的新机遇、新挑战，进一步加强对反腐倡廉网上宣传教育工作的领导，牢牢掌握反腐倡廉宣传教育工作的主动权。要高度重视和积极运用互联网、手机等新兴媒体开展反腐倡廉宣传教育，切实办好反腐倡廉互联网网站，支持和鼓励各级重点新闻网站办好反腐倡廉频道、网页，积极引导知名商业网站正确把握反腐倡廉宣传导向，大力建设开展反腐倡廉宣传教育工作的新平台，积极占领开展反腐倡廉宣传教育的新阵地，以符合时代要求的形式和内容开展反腐倡廉宣传教育，增强反腐倡廉宣传教育的针对性、实效性和说服力、感染力。要抓紧建立和完善反腐倡廉网络舆情信息收集、报送、处置的机制和制度，明确有关部门、人员的任务和责任，及时发现、报送和处置有害信息，迅速、正确应对突发事件。要加强业务培训，建立一支高素质的具有坚定理想信念、熟悉现代网络传播技术手段、掌握反腐倡廉宣传教育艺术的网上反腐倡廉宣传教育队伍，提高网上舆论引导水平，掌握网上舆论引导的主动权。要加强互联网法制建设，加强网络监管，依法遏制和制裁恶意传播不实反腐倡廉信息的行为，规范和治理民间反腐维权网站。要加强和改进反腐倡廉网上宣传教育工作，大力宣传反腐倡廉建设的成效，适时公布重大案件等信息，及时回应网络舆论热点问题，着力加强正面引导，营造良好的网上反腐倡廉舆论氛围。

（九）要加强反腐倡廉宣传教育工作的评估考核

建立反腐倡廉宣传教育长效机制既不可能一蹴而就，也不可能一劳永逸。评估考核是总结反腐倡廉宣传教育工作经验、诊断存在问题、明确改进方向、提高工作成效的重要手段。要建立健全反腐倡廉宣传教育工作评估制度机制，把社会评议、专家评估、科学评定有机结合起来，对反腐倡廉宣传教育的选题、方式方法、取得效果进行客观真实的评定，以促进宣传教育工作改进，提高宣传教育效果和质量。要改进评价指标，把注重人数、次数、项数、级别等数量指标转变到注重思想和作风转变、动机和行为转化上来，提高宣传教育工作的扎实度。要建立完善反腐倡廉宣传教育工作考核制度，对工作努力、注重创新、成效明显的要进行表彰激励，对墨守成规、敷衍应付、成效不彰的要督促改进，形成深入开展反腐倡廉宣传教育的良好氛围。

（十）要加强反腐倡廉宣传教育工作的保障

抓紧抓好反腐倡廉宣传教育，加强对党员干部特别是领导干部的理想信念教育和廉洁从政教育，大力弘扬党的优良作风，是一项重要的政治任务。深入开展反腐倡廉宣传教育工作，确保重要政治任务的完成，必须具有一定的经费保障、技术保障、装备保障和阵地保障。要建立反腐倡廉宣传教育工作经费保障制度，将一定比例的反腐倡廉宣传教育工作经费分别纳入本级财政预算，纳入本级党费支出预算，保证反腐倡廉宣传教育的经费支出。要建立健全反腐倡廉宣传教育工作经费管理使用制度，确保经费专款专用、管理得当、使用正确，防止滥用、挪用和浪费。要高度重视现代化科学技术尤其是信息技术在反腐倡廉宣传教育中的运用，定期更新设备，及时培训技术，为有效开展反腐倡廉宣传教育提供必要的手段。要把反腐倡廉宣传教育阵地建设放在重要位置来抓，因地制宜兴建廉政教育基地、示范教育基地、警示教育基地，不断丰富教育内容，改进教育方式，拓展教育领域，提高教育效果，确保长期用好固定阵地。

总之，是要认真贯彻落实党的十七大，十七届四中、五中全会，惩治和预防腐败体系《工作规划》和中央纪委五次全会精神，加快形成有利于党员干部坚定理想信念、弘扬优良作风、增强廉洁意识和树立正确的世界观、权力观、事业观的拒腐防变教育长效机制，切实提高反腐倡廉宣传教育科学化水平，加快推进惩治和预防腐败体系的整体建设。

参考文献：

［1］李长春：《以改革创新精神加强改进思想政治工作为推动党和国家事业发展提供有力的思想保证和精

神力量》,《人民日报》2009 年 12 月 17 日。

[2] 何勇:《坚持反腐倡廉方针加快推进惩治和预防腐败体系建设》,《人民日报》2009 年 10 月 23 日。

[3] 李玉赋:《充分发挥宣传教育的基础作用为反腐倡廉建设提供有力保障》,《中国纪检监察报》2010 年 3 月。

[4] 金道铭:《加强和改进新形势下廉洁从政教育》,《求是》杂志,2010 年第 4 期。

[5] 李本刚主编:《反腐倡廉宣传教育教程》,中国方正出版社,2007 年。

[6] 李正印:《推进惩防体系建设要在“结合”上下工夫》,《中国纪检监察报》2009 年 4 月 9 日

(山西省惩治和预防腐败体系建设领导组办公室、山西大学政治与公共管理学院联合课题组)

课题组组长:金道铭

课题组副组长:李正印、贾毓杰、孟萧

课题执笔人:石德轩

分报告之一

新形势下深入开展反腐倡廉宣传教育的重要意义研究

引　言

中国共产党成立89年、执政61年、领导改革开放32年来，几代中国共产党人始终以实现中华民族伟大复兴为己任，坚持把马克思主义基本原理同中国具体实际相结合，团结带领全国各族人民不懈奋斗，战胜各种艰难险阻，不断取得革命、建设、改革的伟大胜利。我国相继实现了从半殖民地半封建社会到民族独立、人民当家作主新社会的历史性转变，从新民主主义革命到社会主义革命和建设的历史性转变，从高度集中的计划经济体制到充满活力的社会主义市场经济体制转变，从封闭半封闭到全方位开放的历史性转变，综合国力大幅跃升，人民生活明显改善，国际地位显著提高，中华民族巍然屹立于世界民族之林。这是中国共产党人认识世界、改造世界的伟大创举，是根本改变中华民族命运、深刻影响人类历史进程的伟大变革。实践证明，没有中国共产党就没有新中国，就没有中国特色社会主义。办好中国的事情，关键在党。坚持中国特色社会主义道路，推进社会主义现代化，实现中华民族伟大复兴，必须毫不动摇地坚持中国共产党的领导。

中国共产党89年的发展历程，是一部抗争与奋斗的历程。当今世界正处于大发展大变革大调整时期。世界多极化、经济全球化深入发展，科技进步日新月异，国际金融危机影响深远，世界经济格局发生新变化，国际力量对比出现新态势，全球思想文化交流交融交锋呈现新特点，发达国家在经济、科技等方面仍占优势，综合国力竞争和各种力量较量更趋激烈，不稳定不确定因素增多，给我国发展带来新的机遇和挑战。我国经济建设、政治建设、文化建设、社会建设以及生态文明建设全面推进，工业化、信息化、城镇化、市场化、国际化深入发展，正处在进一步发展的重要战略机遇期，在新的历史起点上向前迈进。总的来看，我国仍处于并将长期处于社会主义初级阶段的基本国情没有变，人民日益增长的物质文化需要同落后的社会生产之间的矛盾这一社会主要矛盾没有变，同时我国发展呈现一系列新的阶段性特征，出现一系列新情况、新问题。在我们这个十几亿人口的发展中大国，党在推进改革开放和社会主义现代化建设中肩负任务的艰巨性、复杂性、繁重性世所罕见。党要适应这样的新形势，统筹国内国际两个大局，更好地带领全国各族人民聚精会神搞建设、一心一意谋发展，实现党的十七大描绘的宏伟蓝图，必须进一步加强和改进自身建设。

需要注意的是，随着改革开放的不断深入，外来文化和腐朽思想的冲击，对一些基层党组织和党员干部带来了消极的影响。一些党员、干部忽视理论学习、学用脱节，理想信念动摇，对马克思主义信仰不坚定，对中国特色社会主义缺乏信心；一些党组织贯彻民主集中制不力，有的对中央决策部署执行不认真，有的对党员民主权利保障落实不到位，一些党员干部法治意识、纪律观念淡薄；一些领导班子整体作用发挥不够，推动科学发展、处理复杂问题能力不够，一些地方和部门选人用人公信度不高，跑官要官、买官卖官等问题屡禁不止；一些基层党组织战斗堡垒作用不强，有的软弱涣散，有的领域党组织覆盖面不广，部分党员党员意识淡化、先锋模范作用不明显；有些领导干部宗旨意识淡薄，脱离群众、脱离实际，不讲原则、不负责任，言行不一、弄虚作假，铺张浪费、奢靡享乐，个人主义突出，形式主义、官僚主义严重；一些领导干部特别是高级干部中发生的腐败案件影响恶劣，一些领域腐败现象易发多发。这些问题严重削弱党的创造力、凝聚力、战斗力，严重损害党同人民群众的血肉联系，严重影响党的执政地位巩固和执政使命实现，必须引起全党警醒，抓紧加以解决。

我们必须充分认识到，共产党的先进性和党的执政地位不是一劳永逸、一成不变的，过去先进不等于现在先进，现在先进不等于永远先进；过去拥有不等于现在拥有，现在拥有不等于永远拥有。国际国内形势的深刻变化对党的建设提出了新的要求，党面临的执政考验、改革开放考验、市场经济考验、外部环境考验是长期的、复杂的、严峻的，落实党要管党、从严治党的任务比过去任何时候都更为繁重和紧迫，党风廉政建设和反腐败工作任务比过去任何时候都更为艰巨。我们必须认识到反腐败斗争的长期性、复杂性、艰巨性，把反腐倡廉建设放在更加突出的位置，既要树立长期作战的思想，坚持必胜信念，坚持对全局性、前瞻性问题的研究，坚持阶段性任务与战略性目标相结合，分阶段扎实推进惩治和预防腐败体系建设；又要增强紧迫感和责任感，不放松当前的工作，打好每一个战役，积小胜为大胜。只要我们认真贯彻党中央确定的反腐倡廉方针和各项工作部署，坚持不懈、旗帜鲜明地反对腐败，就一定能把腐败现象遏制到最低程度。

推进党风廉政建设和反腐败工作，首要的任务是加大反腐倡廉宣传教育的力度，让党的反腐倡廉的教育内容经常不断地在每一个党员干部耳边响起，在每一个党员干部心中扎根，做到警钟长鸣，防患于未然。当前反腐倡廉宣传教育的主要任务，就是要深入贯彻落实十七届四中全会精神和中共中央关于反腐倡廉工作的决策部署要求，深入贯彻落实党的十七届中央纪委第五次全会精神，坚持围绕中心、服务大局，深刻认识反腐倡廉宣传教育在反腐倡廉建设中的地位，充分发挥其在构建惩治和预防腐败体系中的基础性作用，为党风廉政建设和反腐败斗争提供有力的思想保障和舆论支持。我们必须充分认识到，反腐倡廉宣传教育事关党风廉政建设的总体成效，对于提高党的领导水平和执政水平，提高拒腐防变和抵御风险的能力有着重大意义。

一、从国际社会发展状况看反腐倡廉宣传教育的重大意义

腐败问题是一个国际性课题。当今世界各国各行各业普遍存在和滋生着名目繁多的腐败现象，严重威胁着各国经济发展和社会的稳定。在各种各样的腐败问题中，政治腐败表现得最为突出。国际反腐败非政府组织——“国际廉政组织”2004 年 10 月发布的年度报告指出，全球由于政治腐败行为造成的年经济损失高达 4000 亿美元。[①] 为此，世界各国都在采取许多对策来制约权力的滥用，达到控制腐败的目的。

我国的政治腐败行为所造成的经济损失数额巨大，而且由于贪官外逃等问题的严重存在，不仅造成了实际的经济损失，也造成了十分恶劣的国际影响。成立于 1993 年，总部设在柏林的“国际透明组织”在 2009 年全球国家清廉指数排名中，局势动乱的索马里、阿富汗排名垫底。新西兰最廉洁，得分 9.4。中国得分 3.6，排在第 79 位。[②] 中国作为国际大家庭的重要一员，反腐倡廉的落后不仅会给国家造成直接的经济损失，而且有可能影响我国的国家形象和国际地位。

（一）深入开展反腐倡廉宣传教育有利于塑造廉政中国的国际化形象

我们国家是从半殖民地半封建社会直接过渡到社会

---

① 《2004 年：国际反腐直指政坛》，http：//news. mqlzw. com，2006. 11. 1

② 《2009 年全球腐败情况年度报告》，http：//tieba. baidu. com，2009. 11. 24

主义初级阶段，没有经历资本主义社会，既没有切身体会过资本主义工业社会和市场经济中的腐败现象和问题，也没有继承资本主义社会几百年所形成的制约腐败的经验与手段。我国已经加入 WTO 成为国际大家庭的重要一员，无论我们主观愿望如何，经济全球化的浪潮和中西方经济文化的交流，都会将西方的腐败毫无保留地侵蚀到我们国家的各个角落。因此我们决不可闭目塞听，而要睁开眼睛看世界，既要研究世界各国的腐败现象和问题，又要研究国外制约腐败的有效手段和基本原理，汲取最有用的东西为我所用，借鉴他们的经验，研究出台符合中国国情的做法，这需要一个很长的周期。要实现这一目标，必须加大反腐倡廉宣传教育的力度，向全党宣传，让全党树立学习借鉴的意识，向国际宣传，让全世界看到我国反腐倡廉的决心和意志，看到我国反腐倡廉的经验和成效。让世界各国更多地了解中国，接受中国，支持中国。

（二）深入开展反腐倡廉宣传教育有利于研究借鉴国际反腐倡廉模式和经验

反腐倡廉工作要取得根本性进展，必须得到法制化保障。但是受历史文化沿革的影响，我国历朝历代都是通过清官的人治来实现反腐倡廉的。新中国成立之后特别是改革开放前，主要通过革命运动和道德约束力来反腐倡廉。改革开放以后，我国正本清源，建立了许多法律法规开始以法治国。但是要健全法律法规还有很长的路要走，要在全社会树立依法治国的法律观念则更难。目前我国政府权力运行的法治化程度还很低，这是我国的一大软肋。要摆脱这一状况，必须加大反腐倡廉宣传教育力度，研究比较国际社会反腐败的法制化历程，通过学习和借鉴国际社会反腐倡廉法制化途径，来强化我国反腐倡廉的法制化作用。英国是世界上第一个制定反腐败法律的国家，1889 年就颁布了首部反腐败法——《公共机构腐败行为法》，之后的百年当中又不断修改和颁布新的法律完善反腐败法律体系。2003 年 3 月，布莱尔政府公布了新的《反腐败法》草案，它的生效取代了 1916 年颁布的《防止腐败法》，成为英国反腐第一法。1883 年英国产生了世界上第一部财产申报法律——《净化选举、防止腐败法》。其他许多国家也有相关的法律，如：美国 1978 年的《文官制度改革法》、《监察长法》和《政府道德法》，其中《政府道德法》成为当前最为完备的财产申报法，也被称为“阳光法案”。它规定：总统、副总统、国会议员、联邦法官以及行政、立法和司法三大机构的工作人员，必须在任职前报告并公开自己和配偶以及受抚养子女的财务状况，包括收入和个人财产等，以后还需每月按程序提交书面报告。除在国家安全部门工作或其他不宜暴露身份的官员外，各受理机关均要将资料公开供民众了解查看，接受全社会的共同监督。新加坡 1960 年的《防止贪污法》，欧盟国家的《公务员法》和《反贪污贿赂法》等。[①] 这些法律针对不同类型的官员制定了工作行为准则以及从政道德标准，规定了官员腐败类型和具体惩治

① 李伟成、刘晶：《国外防止政府官员腐败经验谈》，《交通企业管理》，2005 年第 6 期。

措施，对政府官员的行为起到了规范和约束作用。各级官员无论身份、地位、官职的高低，一旦触犯法律均要受到严惩。介绍和适度宣传各国反腐败法律法规，对于完善我国的反腐败法制化建设具有十分重要的借鉴意义。

（三）深入开展反腐倡廉宣传教育有利于加强我国与国际社会在反腐败方面的交流与合作

当今世界许多国家和地区反腐败力度加强，方法多样，成效明显，许多国家纷纷设立专门机构来惩治和预防腐败。其中既有像香港廉政公署、澳大利亚新南威尔士州廉政公署将惩处与预防合二为一，成立调查、防范、教育三位一体的反腐倡廉机构，也有像法国预防贪污腐败中心、美国联邦政府道德署、马来西亚国家反贪污局这样的监督预防专门机构。芬兰、丹麦和冰岛等廉洁程度较高的国家，十分注意塑造较高的公民道德水准和良好的社会风气，人们对通过旁门左道满足个人欲望的行为嗤之以鼻，认为只有通过自己的劳动所得到的财富才是合理的。个人在成长过程中不断地受到家庭、学校和社会三方面的道德教育，使得廉洁光荣、贪污可耻的思想深深扎根在人们的心灵中，弥漫在社会的各个角落，减少了贪污腐败滋生的土壤。①

特别是国际加强了国家和非政府组织间的合作，使得国际打击贪污贿赂进入一个新的阶段。2006 年 10 月 22 日，国际反贪局联合会第一次年会暨会员代表大会

① 李伟成、刘晶：《国外防止政府官员腐败经验谈》，《交通企业管理》，2005 年第 6 期。

在北京开幕，就打击贪污贿赂等腐败犯罪国际合作进行了深入探讨，并成立了世界上首个以各国反贪机构为成员的国际组织——国际反贪局联合会，它标志着打击贪污贿赂犯罪的国际交流与合作进入了一个新阶段。中国最高人民检察院检察长贾春旺当选第一届联合会主席，为中国反腐败斗争的深入开展创造了优良的国际环境。但应当清醒地看到，要充分利用这个反腐败有利条件，中国当前面临的最大问题，就是让国内反腐败法律和政策与《联合国反腐败公约》规定的内容全面对接，最大限度地发挥国际反腐败公约的效力和作用。

所有这些工作都需要加大反腐倡廉宣传教育力度，需要呼唤和武装更多的人去参与和关注反腐倡廉宣传教育工作。

二、从我国政治经济发展状况看反腐倡廉宣传教育的重大意义

当前，我国仍处于经济转轨、社会转型的特殊时期，经济发展和社会建设面临诸多考验，一些长期积累的矛盾和问题难以在短时间内消除，维护我国改革发展稳定的任务十分艰巨。按照中央关于宣传思想工作的总体部署，深入开展反腐倡廉宣传教育工作，有利于全面塑造党和政府的良好形象，切实维护安定团结、蓬勃发展的大好局面。

（一）反腐倡廉宣传教育是落实中心工作推动我国社会经济进步的必要保障

胡锦涛总书记一再要求，全党同志牢记社会主义初级阶段基本国情，认清全面建设小康社会、实现我国基

本现代化、巩固和发展社会主义制度的重要性、长期性、艰巨性。改革开放30年来，我国经济社会取得巨大进步。根据国家统计局公布的数据显示，2007年中国GDP超过德国成为世界第三大经济体，经济总量达到257306亿元，《华盛顿邮报》称，这是中国“惊人的经济发展中的又一个里程碑”。特别是2009年，当世界主要经济体都陷于衰退之中时，中国经济的增速仍然达到8.7%，美国有线电视新闻网的报道称，这意味着未来几年内中国经济总量将超过日本目前的4.3万亿美元。[①] 一些国际经济学家认为：“中国是国际舞台上最重要的角色之一。中国在全球经济中的作用早已超越其排名顺序，因为中国是目前少数具有弹性的经济体之一。”面对改革开放30年所取得的成就，我们不能盲目骄傲，必须防止敌对势力的捧杀。尽管我国经济总量已经超出德国，跃居世界第三，但没有根本改变我国人均GDP仍然比较落后的现状，没有改变我国各地区发展水平还很不平衡的事实。我国人口多、基础差、经济落后、发展不平衡、现代化水平低等基本国情尚未根本改变。要解决这些困难和问题，保持我国经济旺盛的发展势头，必须紧紧围绕党的中心工作，认真落实科学发展观，实现又好又快的发展。

科学发展观，就是要坚持以人为本，全面、协调、可持续的发展。以人为本就是要把人民的利益而不是个人利益、小集团利益或局部利益作为一切工作的出发点

---

① 《西方媒体热议“中国成为世界第三大经济体”》，http://www.people.com.cn，2009.1.19

和落脚点，从而不断满足人们的多方面需求和促进人的全面发展。全面，就是要在不断完善社会主义市场经济体制，保持经济持续快速协调健康发展的同时，加快物质文明、精神文明、政治文明的建设，并形成相互促进、共同发展的格局。协调，就是要统筹城乡协调发展、区域协调发展、经济社会协调发展、国内发展和对外开放协调发展。可持续，就是要统筹人与自然和谐发展，处理好经济建设、人口增长与资源利用、生态环境保护的关系，推动整个社会走上生产发展、生活富裕、生态良好的文明发展道路。腐败问题是阻碍党的中心工作贯彻落实的最大障碍。腐败分子从个人、小集团或局部利益出发，有令不行，有禁不止，贪赃枉法，中饱私囊，不仅歪曲了党的政策，造成了巨大的经济损失，而且对全社会造成污染，损坏了党的形象。因此在当前广泛开展反腐倡廉宣传教育有着特殊重要的意义和作用。反腐倡廉问题解决好了，就能够正确处理改革、发展、稳定的关系，使我们真正能够围绕中心、服务大局，这是我党对现阶段反腐倡廉工作提出的一项基本要求，也是开展反腐倡廉宣传教育的根本目的所在。

（二）反腐倡廉宣传教育活动是维护改革发展稳定大局营造舆论氛围的必要手段

我国正处于改革发展稳定的关键时期。这一时期，我国面临的仍然是一个机遇与挑战并存、机遇大于挑战的环境，一个总体上有利于我国保持经济社会平稳较快发展，但不利因素依然存在并可能增多的环境。在这样的国际国内环境下，正确处理改革、发展、稳定的关系，对我们党是一个考验。就国际环境而言，国际敌对势力绝不会轻易让中国得到发展的机遇。美国《世界政策杂志》秋季号曾载文认为：美国的对华政策的基本思路在于，即便无法遏制中国的崛起，也要尽力延滞中国上升为强国地位的速度。西方敌对势力也非常清楚，他们对达赖的支持，既不会使西藏实现独立，也不可能给中国带来什么严重的分裂，但他们的方法却可以有效地制造中国局部地区的不稳定。要维护我国改革发展稳定的大局，必须做好与国际敌对势力长期斗争的思想准备。就国内情况而言，国内敌对势力决不会心甘情愿让国家顺利发展，他们必然会利用民主问题、民族和宗教等问题"西化"和"分化"中国。这些来自国际的和国内的势力的颠覆破坏活动由来已久，中国共产党和中国人民从来也没有畏惧过，对我国改革发展稳定的大局不会产生根本性影响。但是第三支力量是需要我们特别警惕的，那就是来自我们共产党内部的腐败问题。腐败分子可以做国内外敌对势力想做而做不到的事情，可以制造国内外敌对势力想制造而无法制造的消极影响。法轮功之所以迷惑一部分群众，其中一个因素就是攻击腐败分子的所作所为，并将这些腐败分子与共产党划等号。

因此，要维护我国改革发展稳定的大局，使三者相互促进，必须大力加强反腐倡廉宣传教育，营造反腐倡廉的舆论氛围。通过开展党风廉政宣传教育，着力解决党员干部在党性党风方面存在的突出问题，促使广大党员干部牢固树立正确的世界观、人生观、价值观，增强廉洁从政意识，提高党员干部遵纪守法的自觉性，筑牢拒腐防变的思想道德防线。我们要利用各类媒体，尤其是利用主流媒体开展强有力的正面宣传，积极引导广大党员干部和人民群众正确看待反腐倡廉形势，坚定反腐败信心，坚定走中国特色社会主义道路的决心和信念。

（三）反腐倡廉宣传教育本身就是维护改革发展稳定大局的重要举措

执政党的党风，关系党的形象，关系党和人民事业成败。胡锦涛总书记在第十七届中央纪委第四次全会上强调，世情、国情、党情的深刻变化对党的建设提出了新的要求，党面临的执政考验、改革开放考验、市场经济考验、外部环境考验是长期的、复杂的、严峻的，落实党要管党、从严治党的任务比过去任何时候都更为繁重和紧迫。越是在困难的时期，人民群众对党员干部越是抱有更高期望，越会对党的作风问题提出更高要求。一个地区一个单位工作的好坏，往往决定于有没有一个好的带头人，决定于有没有一支过硬的党员骨干队伍。如果说科学技术是生产力的话，党性修养和廉洁从政意识就是更大的生产力，因为党性修养和廉洁从政意识武装的是决策者，决策者的素质不仅影响其本身作用的发挥，而且还对其他劳动者造成积极或消极的影响。因此，加强反腐倡廉宣传教育，是当前加强领导干部党性修养、树立和弘扬新风正气的重要举措，对于教育和引导党员领导干部切实增强党性观念，树立正确的事业观、工作观和政绩观，纠正损害群众切身利益的问题，解决群众反映强烈的问题，以作风的明显改进取信于民，从而更好地联系群众、团结群众、带领群众共克时艰，维护改革发展稳定大局具有重大意义。

三、从我国社会发展变化看反腐倡廉宣传教育的重大意义

中国是一个社会主义国家，处于社会主义初级阶段。但是如今的社会主义初级阶段完全不能等同于30年前的社会主义初级阶段。随着我国改革开放的发展与演进，我国城乡社会首先产生出了个体户、工商户，进而发展为民营科技企业、私营企业、股份合作企业，继而引进了外商投资企业、港澳台商投资企业，出现许多非国有形式的多元、混合的所有制经济组织，这些经济组织被称为新经济组织。与此同时，在《社会团体登记管理条例》规范下，还出现了许多非营利性社会组织，包括学术性社团、行业性社团、专业性社团和联合性社团等。这些由企业事业单位、社会团体和其他社会力量以及公民个人利用非国有资产举办的，从事非营利性社会服务活动的社会组织被称为新社会组织。

两新组织是当前和未来我国社会主义市场经济最基本的组织形式。两新组织的发展速度十分迅速，据中国经济周刊2010年10月12日《企业负担大清查》文章显示，目前我国仅中小企业有4000万家，占企业总数的99%，贡献了中国60%的GDP、50%的税收和80%的城镇就业，在我国经济体系中起着举足轻重的作用。但是需要注意的是，两新组织的迅速崛起同时促进了社会群体的分化，中国社会悄然出现了诸多不同的社会群体。不同的社会群体有着不同的社会背景和利益追求，给反腐倡廉工作带来不同的作用与影响，在诸多的社会群体中干部群体、新富群体、知识群体、贫困群体是具有典型意义的社会群体，对反腐倡廉工作具有特殊的影响作用，有针对性地开展反腐倡廉宣传教育工作，是有序推进反腐倡廉工作的重要条件。

（一）反腐倡廉宣传教育有利于约束与规范干部群体廉洁自律

干部群体是指党政机关、立法和司法机关的公务员和国有企事业单位、社会团体管理人员以及军队干部，包括领导干部和一般干部。除军队干部外，这个群体目前的总人数约 4113 万，大专以上文化程度的占 51.5%。其中，党政机关干部 708.3 万人，占干部群体的 14.2%。这个群体政治上从事国家和社会管理工作，分为司局级以上领导干部、县处级干部、乡科级基层干部、初级公务员和离退休干部五个部分。他们经济收入不高，尤其贫困县和乡镇干部经济待遇比较低，完全依存于国家财政，以劳动收入为生活主要来源。干部群体是我们党和政府的中坚力量，是执政党联系广大群众的纽带和桥梁。他们依法行使党和国家的各种工作职能，既是国家和社会的管理骨干，又是为人民服务的社会公仆。这个群体代表着党的形象，他们的政治态度、言行举止、价值取向、道德水准，对全社会各个群体都有着十分重要影响。他们是新富群体争相结交寻租的目标群体。

改革开放以来，广大干部为改革、发展、稳定作出了重要贡献。总体来说，干部群体有较高的政治地位，较稳定的工资、福利待遇和社会保障，但在市场经济条件下，由于他们的工资收入相对较低及其他一些社会原因，一些干部不同程度地存在着心理失衡、信念动摇、道德滑坡的问题，少数干部特别是一些领导干部腐化堕落、贪赃枉法、买官卖官，同不法私营企业主和外商大搞权钱交易，甚至与黑恶势力沆瀣一气，其严重的腐败现象危害极大，是对党的执政地位和国家长治久安的最大威胁。对干部群体必须采取必要的方式加大反腐倡廉宣传教育的力度，必须让他们牢固树立反腐倡廉的思想，增强自觉抵制腐朽思想的能力，保持党的良好形象，自觉维护安定团结、蓬勃发展的大好局面。

（二）反腐倡廉宣传教育有利于教育与引导新富群体守法经营

新富群体成员主要分布在私营企业主、企业高级经理人、高级工程技术人员、外资企业高层雇员、歌星影星、体育明星、著名律师、少数非工资收入干部，以及部分学界名流等人群中。这个群体是改革开放的突出受益者。他们拥护党的改革开放路线，认同社会主义市场经济，希望国家和民族繁荣富强。作为资本的所有者他们大都是雇佣劳动的使用者，在生产资料占有关系和收入来源等方面与我国社会其他阶级阶层存在着明显不同。他们中的大部分是靠合法经营和专业技能致富，并为社会经济和文化发展作出了贡献。他们的经济地位较高，社会地位近几年也有很大提升，但多数私营企业主对自己的政治地位并不满足。他们最为担忧的，是其资本和财产的安全，认为现在还没有得到足以使他们放心、满意的法律保护和制度保障，许多人通过将自己的子女亲属移民海外作为财产保护的手段。这个群体的人数虽然不很多，但社会影响较大，其群体意识正在形成和增强。据有关方面调研了解，私营企业主大都强烈希望把“私有财产神圣不可侵犯”作为法律原则写入宪法。对他们来说，保持和继续获得最大化的财产利益是最重要的。他们试图影响党的政策，并希望社会稳定。他们通常把争当人大代表和政协委员作为提高其社会地位和政治身份的首选途径。在它们中间，也有许多人是依靠非法敛财暴富的，新闻媒体经常披露的许多腐败问题，都与这个群体密切相连。这个群体中的不法暴富者住高档花园别墅、开豪华轿车、大肆挥霍巧取豪夺的社会财富，其中一部分人的经营方式或思维模式就是进行钱权交易，在公与私、权力与财富、合法与非法、体制内与体制外、国内与国外之间左右逢源，既钻政策的空子，又寻求政策的保护；既参与瓜分国有资产，又搞一些社会捐助等沽名钓誉的活动；既靠近党政干部、利用政府权力，又收买党政干部、腐蚀政府权力。加大反腐倡廉宣传教育的力度，并形成一定的社会氛围，可以影响和抑制他们以偏为正权钱交易的思维模式，堵塞腐败源头，引导他们合法经营。

（三）反腐倡廉宣传教育有利于引导与鼓励知识群体参与廉政监督

知识群体主要分布在学校、科研院所和社会两新组织的管理、技术人员中。他们大都是高校扩招前后的大中专毕业生，拥有一定的知识，具有强烈的改革愿望，他们不甘现状，寻求发展，追求幸福，具有一定的才智和市场眼光，在市场经济的大潮中几经周折，在困境中崛起，在夹缝中生存，许多人由小到大成长为具有一定经历的成功人士，属于永不停歇的改革的弄潮儿。他们积极追求社会公平，对生活中的腐败现象和问题深恶痛绝，他们中的许多人就是网络发言人，是和谐社会建设的推动者，加大反腐倡廉宣传教育的力度，就是要引导他们参与反腐倡廉的热情，鼓励他们与党同心同德，通过合法的渠道和途径，运用合法的形式积极参与反腐败斗争，充分发挥他们的知识优势为净化社会风气、建设文明社会做出应有的贡献。[①]

四、从我国民情发展变化看反腐倡廉宣传教育的重大意义

改革开放30年来，随着我国经济体制改革的逐步深入，党和国家在政治体制改革和民主化建设方面也取得了一定的进展，特别是在权力制约方面采取了一系列措施，其中包括：通过分散权力制约权力，通过专门监督约束权力，通过倡导法治制约权力，通过道德内化约束权力，通过政务公开制约权力，通过舆论监督制约权力，通过信息技术制约权力，通过保障权利制约权力，通过民间力量制约权力，特别是村民自治和村民委员会换届选举，从制度上加强民主化建设。这些举措对于提高国民的民主意识具有一定的作用。在此基础上，随着互联网的开通使用，我国的民情发生了天翻地覆的变

① 李培林等:《我国目前社会阶级阶层结构调研报告》，http：//www.chinaelections.org，2008.12.18

化。人们的思想得到广泛的交流，民主参与意识空前高涨，开展反腐倡廉宣传教育比以往任何时候都更为迫切。

（一）反腐倡廉宣传教育是正确引导国民关注反腐倡廉问题的重要渠道

2010 年 3 月 5 日、3 月 3 日，十一届全国人大三次会议和全国政协十一届三次会议分别在北京开幕。人民网、新华网会前就民众关注的热点问题进行了调研，截至 3 月 1 日的调查结果显示，在“你最关注的十大热点问题是什么”的调查中，“反腐倡廉”得票 41353 张，排名第三，居前两位的分别是“养老保险”和“依法拆迁”；在新华网的“今年两会，您最关心的话题”调查中，“反腐倡廉”得票 20510 张，排在“收入分配”和“住房问题”之后。而在 2009 年的“两会”热点调查中，“反腐倡廉”排名在人民网、新华网相关调查中的位置，均列所有候选条目之首。

国民关注自身的切身利益无可厚非，因为养老保险、依法拆迁、收入分配和住房问题都与国民的日常生活密切相连。但是作为腐败问题的受害者往往是一个抽象的概念，并不一定直接涉及其自身利益，但是在 2010 年竟然排名第三，2009 年甚至排名第一。这一现状不仅反映出国民素质的提高，民主意识的增强，更反映出腐败问题的严重程度和国民对这一问题的重视程度。从某种意义讲，加强反腐倡廉宣传教育的力度，就是对国民反腐倡廉要求的呼应与告慰，就是对国民反腐倡廉要求的宣示和表达。[1]

（二）反腐倡廉宣传教育是理顺国民情绪、化解仇官仇富心态的必要方法

但凡经常上网的人都有一个共同的感觉，网络上只要报道公务员出事就有人拍手称快，只要富人行为不检点就会引来千夫所指；反之，只要发现平民吃亏就义愤填膺，人们甚至忽略事情本身的是非曲直，判断是非黑白的界限就在于看他是官人、富人还是平民，官人和富人都是坏人，平民都是好人。湖北宜都市国税局9名外出考察人员在云南遭遇重大车祸，致使7人死亡，2人重伤，这则新闻上网不久，引来成千上万条跟帖，嬉笑怒骂，讽刺挖苦，拍手称快，全然不顾及那是9条鲜活的生命，也不管9条鲜活的生命背后有几个哀伤破碎的家庭。据科学家研究发现，动物也有道德情感，大象也会“见义勇为”拯救被困羚羊，而老鼠有时候宁可绝食饿死，也不肯伤害自己的“鼠友”。而作为灵长类高级动物的人，对同类的死亡却能拍得起手，这应该是一种心理变异的病态表现，那么是什么导致这样一个庞大的网络群体心里变异产生病态呢？

在富人中有一种观念令人生厌，比如某开发商曾说，房地产商的使命就是利润，为了追求利润，就要给富人盖房。穷人的房子让政府去管。我给富人盖的房子越多，缴税就越多，穷人就越得益。这种道德缺失的市场经济理论固然令人生厌，但绝不至于给人们带来心理

---

① 李英华：《今年两会热点调查“反腐倡廉”失去榜首》，http：//www.jcrb.com.cn，2010.3.2

上的扭曲，以至于让众多网友出现病理反应。能够引起病理反应的只有一个问题——腐败。人们并不是仇官仇富而是仇腐败，因为拥有权钱才拥有腐败的资本，而进行权钱交易的人都是非官即富，于是人们自然会在腐败与官人富人之间划等号。更何况湖北宜都市国税局在云南出车祸有公款旅游之嫌，自然会引起人们的病态发泄。那么如何才能理顺国民情绪，化解人们仇官仇富的病态心理呢？加强反腐倡廉宣传教育无疑是一剂治病的良药。随着反腐倡廉宣传教育作用的有效发挥，国民的情绪会顺沿反腐倡廉宣传教育的主渠道得到正当抒发，并最终保持心理平衡。

（三）反腐倡廉宣传教育是正确引导国民参与反腐倡廉的有效途径

网络的发展和普及为民间反腐倡廉开辟了一条安全、便捷的途径。民间反腐人士或自建网站，或利用各大网站论坛，把手中的证据、资料直接呈现于网络，凝聚民间力量推动官方对腐败案件进行查处。2004 年 6 月，被人们称为“民间舆论监督第一人”的李新德，在自己创建的“中国舆论监督网”上贴出数张被举报人李信向举报人李玉春下跪的照片，并配发了题为《下跪的副市长——山东省济宁市副市长李信丑行录》的文章，文章历数李信涉嫌贪污、受贿、绑架、故意伤害等违法违纪行为。检察机关介入查实后，李信最终受到法律制裁。民间反腐力量的急剧发展迅速引起人们的重视。2005 年 12 月 28 日，中央纪委、监察部首次公布了中央纪委信访室、监察部举报中心的网址。截至

2008 年，全国已经有 18 个省级纪检监察机关相继开通举报网站，这些都标志着网上举报已经正式纳入了官方权威反腐渠道。网络反腐以其快捷、有效、廉价的优势成为民间反腐新平台。但与此同时，民间反腐也暴露出许多问题与缺陷，以致受到不少质疑和指责。比如在技术层面，存在民间反腐信息过早公开造成不必要的打草惊蛇和事先串供或销毁证据问题，比如在法律层面，存在人肉搜索、群众审判，甚至网络暴力等涉嫌侵犯他人人身权、名誉权和隐私权问题，以及舆论压力影响司法公正问题。比如在社会效应层面，存在以讹传讹，给社会带来不应有的消极影响等问题。

要保护民间的反腐热情，实现民间反腐与制度反腐的有效对接，必须开通反腐倡廉宣传教育的有效途径。通过宣传，让更多的国民了解反腐倡廉的意义和作用，以及参与反腐倡廉的基本程序和步骤；通过教育，让更多的国民掌握反腐倡廉的法律武器，熟悉反腐倡廉的基本技能和方法，并逐步形成党政、社会和民间协调运行的反腐倡廉新体制。

五、从我国基层组织和党员现状看反腐倡廉宣传教育的重大意义

在全方位对外开放的条件下，各种思想文化、价值观念的交流、交融、交锋日益频繁，人们思想活动的独立性、选择性、多变性、差异性明显增强，党员干部廉洁从政面临的社会思想文化环境越来越复杂。这就要求我们必须坚持不懈地加强思想道德建设，不断加大反腐倡廉宣传教育力度，夯实党员干部廉洁从政思想道德基

础，筑牢拒腐防变思想道德防线，引导广大党员干部真正做到为民、务实、清廉。

(一) 加强反腐倡廉宣传教育有利于夯实党员干部的思想政治和理想信念基础

经济全球化使得世界各国经济相互依存，形成“你中有我、我中有你”的局面。经济的融合带来思维方式的融合，文化的融合。功利主义、物质主义、感官主义、自由主义等思想文化必然伴随着这种融合对共产党员和党员领导干部带来全方位的冲击，使一部分意志薄弱的党员干部失去崇高的理想和信念，对当前所从事的事业信心不足，甚至对中国特色社会主义道路产生疑虑。在这样一个环境中，最有效的抵御办法就是加强对广大党员干部的思想政治教育和理想信念教育，开展深入细致的反腐倡廉教育。通过正反两方面的宣传教育工作抵消外来文化对党员干部的消极影响。

思想政治工作是我们党的一大政治优势。在革命和建设的伟大进程中，我们党始终高度重视思想政治工作，积累了宝贵经验。通过开展党风廉政宣传教育，着力解决党员干部在党性党风方面存在的突出问题，促使广大党员干部树立马克思主义世界观、人生观、价值观，增强廉洁从政意识，提高拒腐防变能力，是加强党的思想政治工作和党的建设的重要途径。党的十六大以来，以胡锦涛同志为总书记的党中央把反腐倡廉宣传教育纳入党的建设总体布局，他指出：“从主观上说，放松世界观的改造，背弃理想信念，思想蜕化变质，是一些人堕落为腐败分子的根本原因。理想信念是思想和行动的‘总开关’、‘总闸门’，理想的滑坡是最致命的滑坡，信念的动摇是最危险的动摇。”“越是深化改革，扩大开放，越是发展社会主义市场经济，越是要加强对广大党员干部的理想信念教育，激励全党同志在日益复杂的环境中进一步坚定理想信念。”教育抓好了，德治加强了，领导干部的思想政治素质和精神境界提高了，可以有力地防范和减少违纪违法问题的发生。这充分揭示了反腐倡廉宣传教育工作在党的思想政治建设中的重要地位和作用。

（二）加强反腐倡廉宣传教育有利于引导党员干部牢固树立社会主义核心价值理念

文化价值观对加强党员干部道德素质教育具有重要作用。近年来，随着新旧体制的转换，在市场经济大潮的荡涤之下，一些党员干部的道德意识越来越淡化，道德观念荡然无存，没有良知和诚信，没有正义和廉耻，权力商品化、私有化，唯利是图，见利忘义，严重损害了党员干部在人民群众中的形象和威信。在新的历史时期，党员干部要实现道德价值观的正确定位，必须坚持党的核心价值理念，树立与时代发展相适应的新的社会主义核心价值理念。通过开展反腐倡廉宣传教育，加强党员干部的权力观教育、社会公德教育、职业道德教育、党纪政纪和法律法规教育，使党员干部牢固确立正确的权力观、地位观、利益观以及民主观、法纪观、道德观，才能使党员干部正确认识权力的来源和本质，深刻理解社会主义制度、体制、机制和法律、法规、纪律的精神实质，使其在实践中自觉规范从政道德行为，自党采取符合制度、体制、机制和法律、法规、纪律的行为，筑牢思想道德防线。

（三）加强反腐倡廉宣传教育有利于强化党员干部的自律意识

反腐倡廉，教育是基础，制度是保证，监督是关键，自律是根本，这是党开展反腐败教育得出的重要经验。加强反腐倡廉教育，就是要通过强化基本理论教育、理想信念教育、思想道德教育、党风党纪教育和法制教育，使广大党员干部形成较强的自律意识，把外在的强制变为内在的自觉，变为对人民赋予权力和自我人格的珍惜。有了高度的自律意识，就可以在种种诱惑和考验面前，常怀律己之心，时刻保持清醒的头脑，自觉做到自重、自省、自警、自励。自重，就是党员干部能够对自己的身份、对自己的责任进行正确定位，能够在工作和生活中，时时刻刻注意珍重自己的言行、人格和名誉，不干那些自轻自贱，及对党员干部的要求不相符的事情。自省，就是党员干部能够经常反省自己的思想行为是否符合党和人民的利益，能够用“吾日三省吾身”的反省精神，用共产党人、领导干部、人民公仆的道德标准检点自己的言行，看自己的行为是否符合人们普遍推崇的“真、善、美”的道德准则，是否符合共产党员、领导干部的行为准则。自警，就是党员干部能够用党的纪律和国家的法律法规约束自己，警告自己不要有任何越轨的行为，能够时时对照已经发生的违纪违法案件中的反面典型，警告自己不要犯类似的错误，不要走向犯罪的深渊。自励，就是党员干部要能够始终保持旺盛的革命斗志、振奋的精神状态，在工作、学习、生活的道路上，无论是一帆风顺，还是坎坷不平，都能有一个良好的精神状态，能够做到成绩面前不满足，失败面前不气馁，工作高标准，生活低要求。通过强化党员干部自律意识，使党员干部的思想道德教育做到以人为本，使思想道德教育与现实生活紧密结合，真正使反腐倡廉教育获得实效，切实增强拒腐防变的能力。

总之，在当前国际、国内，党内、党外所处的客观环境发生巨大变化的形势下，加强反腐倡廉宣传教育不仅意义重大，而且是涉及我们党的战斗力和凝聚力的大事，也是涉及党和国家生死存亡的大事。任务十分紧迫，十分重要，务必引起全党全国人民的高度重视。

[参考文献]

[1] 李本刚主编：《建立健全教育、制度、监督并重的惩治和预防腐败体系实施纲要教程》，中国方正出版社，2007 年版。

[2] 李本刚主编：《反腐倡廉宣传教育教程》，中国方正出版社，2007 年版。

[3] 李玉赋：《努力开创反腐倡廉宣传教育工作新局面》，《中国监察》，2010 年第 7 期。

（山西省纪委宣教室、山西省青年管理干部学院、山西省社会科学院联合课题组）

课题负责人：李江龙

课题执笔人：王华梅、王俊刚

分报告之二

把握教育规律　体现时代特征
科学确定新形势下
反腐倡廉宣传教育内容

反腐倡廉宣传教育是反腐倡廉建设的一项基础性工作。2005年1月，中央颁布的《建立健全教育、制度、监督并重的惩治和预防腐败体系实施纲要》，明确提出把反腐倡廉教育纳入党的宣传教育总体部署。2008年5月，中央颁布的《建立健全惩治和预防腐败体系2008—2012年工作规划》，再次对推进反腐倡廉宣传教育提出了新的明确要求。内容和形式是构成反腐倡廉宣传教育的两个要件。在反腐倡廉宣传教育工作中，如果缺乏科学的内容，再好的形式也收不到好的效果。因此，科学确定反腐倡廉宣传教育内容，是确保宣传教育质量的首要问题；加强新形势下反腐倡廉宣传教育工作，首先必须在增强宣传教育内容的科学性上下功夫。

一、科学评价当前反腐倡廉宣传教育内容

我们党是一个善于总结经验的党，是一个善于借鉴历史经验开拓前进的党。科学确定新形势下反腐倡廉宣传教育内容，首先必须科学评价当前反腐倡廉宣传教育

内容，从中吸取经验，克服缺点，在新形势下开拓前进。

（一）确定反腐倡廉宣传教育内容的主要经验

党的各级纪律检查机关恢复重建30多年来，反腐倡廉宣传教育内容始终坚持围绕中心、服务大局的原则，紧贴反腐倡廉建设实际，在夯实党员领导干部廉洁从政的思想道德基础、筑牢拒腐防变的思想道德防线中取得了巨大成效，为反腐倡廉工作深入开展、为推动科学发展、促进社会和谐提供了坚实的保障。

1. 始终把反腐倡廉理论作为教育的重要内容

根据党在不同时期所处的历史环境和面临的历史任务，大力宣传我们党的反腐倡廉理论和反腐倡廉方针政策，教育引导广大党员干部特别是领导干部廉洁自律、拒腐防变，是反腐倡廉宣传教育的重要内容。改革开放以来，面对改革开放条件下反腐倡廉表现出的新特点，以邓小平同志为核心的党的第二代中央领导集体从实际出发，在反腐倡廉问题上提出了一系列新的观点和论断，如：反腐倡廉关系党和国家的生死存亡的思想；坚持和发扬党的优良传统和作风；坚持“两手抓”、“长期抓”的方针；反腐倡廉要靠教育，更要靠法制；要从制度上解决问题；反腐倡廉要以党员干部为重点等。初步构建了具有中国特色的反腐倡廉理论框架。以江泽民同志为核心的党的第三代中央领导集体以“三个代表”重要思想为指针，围绕提高党的领导水平和执政水平、增强拒腐防变能力这两个历史性课题，把党风廉政建设和反腐败斗争的性质提升到“关系党和国家生死存亡的严重政治斗争”的高度来认识，深刻揭示了腐败现象滋生蔓延的社会历史根源；全面论述了从严治党方针的科学内涵，提出了党风廉政建设和反腐败斗争的基本方略。党的十六大以来，以胡锦涛同志为总书记的党中央高度重视反腐败斗争，科学总结反腐败实践经验，确立了“标本兼治、综合治理、惩防并举、注重预防”的反腐倡廉方针，实现了反腐败理论和实践的创新，开创了反腐败斗争的新局面。各级纪律检查机关始终把反腐倡廉理论作为教育的重要内容，教育广大党员干部牢固树立马克思主义的世界观、人生观、价值观和正确的权力观、地位观、利益观，牢固树立艰苦奋斗、廉洁奉公的思想观念，真正做到立党为公、执政为民，为反腐倡廉实践发展起到了有力保障和促进作用。

2. 始终把党风党纪作为教育的重要内容

1978 年，中央纪委恢复重建，1979 年，中央纪委第一次全会提出：要把“协助各级党委，对党员加强党的纪律教育和党的优良传统教育”作为各级纪委首要任务。特别是 1983 年中央纪委成立教育室，绝大多数省、市级纪委和部分县纪委先后成立党纪教育专门机构，这就为广泛开展党性党风党纪教育提供了坚实组织保证。1990 年 8 月，中央纪委下发《党的纪律检查机关党风党纪教育工作纲要（试行）》，明确了党风党纪教育工作的指导思想和方针，内容、形式和方法以及纪检机关对党的组织和党员进行党风党纪教育的工作任务，使党风党纪教育工作走上制度化、规范化轨道。可以说，改革开放以来，各级纪委认真履行纪检机关教育职能，面向广大党员进行党性党风党纪宣传教育，内容更加丰富，形式更加多样，积累了开展党性党风党纪宣传教育工作的有益经验。

3. 始终把维护和发展人民群众的根本利益作为教育的重要内容

党风廉政建设的核心问题是密切党和人民群众的血肉联系。反腐倡廉的根本目标就是要切实维护人民群众的利益，不断增强和巩固党的执政基础。党的十六大以来提出的“立党为公，执政为民”理论，充分体现了马克思唯物历史观，深刻阐明了我们党在执政条件下，始终保持同人民群众血肉联系的重要性，充分展现了新一届中央领导集体把人民利益放在首位的思想境界与价值取向，进一步提升了“全心全意为人民服务”这个党的根本宗旨。党的十七大报告进一步重申这一观点。多次强调：“必须时刻把群众利益放在首位，始终把维护好、实现好、发展好最广大人民的根本利益作为全部工作的出发点和落脚点。”“相信谁、依靠谁、为了谁，是否始终站在最广大人民的立场上，是区分唯物历史观和唯心历史观的分水岭，也是判断马克思主义政党的试金石。”各级纪律检查机关始终把维护和发展人民群众的根本利益作为反腐倡廉教育的重要内容，主要体现在对党员干部尤其是领导干部进行群众观、权力观、利益观、政绩观的教育，引导党员干部牢固树立马克思主义世界观、人生观、价值观和正确的权力观、地位观、利益观，永远保持先进性，为人民掌好权、执好政。

（二）当前反腐倡廉宣传教育内容存在的问题

尽管改革开放以来反腐倡廉宣传教育的内容确定取得了许多成功经验，但也不可否认，反腐倡廉宣传教育内容仍然存在一些与时代发展、与反腐倡廉实践不相符的问题。

1. 内容与实际脱节

一些宣传教育内容缺乏对党和国家关于反腐倡廉建设方面出台的新政策、新任务的深刻把握和领会，缺乏对本地反腐倡廉方面出现的新问题、新特点的认真研究和了解，缺乏对领导干部对教育实际需求的准确掌控和引领，不能把中央确定的教育内容创造性地与本地区、本单位实际相结合，内容不贴近实际，不贴近生活，比较空泛，使得宣传教育缺少认同感和亲和力，教育对象对教育内容提不起精神来。由于宣传教育内容脱离实际，结果或“曲高和寡”、或“浅尝辄止”，无法震撼到教育对象的灵魂，教育的效果自然要打折扣。

2. 受众与对象单一

分类施教，因人施教、因事施教是教育的基本规律。反腐倡廉宣传教育做为一项针对性很强的工作，只有根据不同的教育对象、出现的不同问题、不同的时机和阶段，选择不同的教育内容，才能真正做到入情入理、入脑入心，收到实效，达到既定目标。一些单位和地方的反腐倡廉宣传教育对象层次划分少，简单地把受教对象区分为群众和干部（领导干部）两个层面，由于受众区分层次不清、对象不明，导致宣传教育的内容单一，实际效果不尽如意。同样的宣传教育内容，由于受众的学历不同、经历不同，取得的效果也不一样。领导干部容易理解的内容，普通群众可能就认为过大过空；城市党员干部认为通俗易懂的内容，农村党员干部可能就认为晦涩难懂。同样，不同地区、不同单位、不同职位、不同性别的个体之间存在的差异也是巨大的，采用相同的内容进行千篇一律的宣传教育，必然影响宣传教育的效果。

3. 新意与活力不足

反腐倡廉宣传教育，必须与时俱进，紧跟时代步伐，结合不同时期反腐倡廉建设的要求和党员干部的思想实际，用富有时代气息、鲜活生动的教育内容来吸引教育对象，使反腐倡廉建设的各项政策要求转化为党员干部的自觉意识，达到入目入耳、入脑入心的目的。然而，在一些地方和部门，仍然存在教育内容僵化、老化的问题，有些地方宣传教育“穿新鞋走老路”、“新瓶装旧酒”，宣传教育内容陈旧，翻来覆去老一套，千篇一律，老生常谈，新意不够，自然也就缺乏活力，也就收不到良好效果。比如，有些地方利用互联网和移动通信技术，通过给党员干部发送廉政短信的方式，教育党员干部遵守廉洁自律各项规定，本来这是一个紧跟时代步伐、充分利用现代科学技术开展反腐倡廉宣传教育的有效形式，但是有时发送的具体内容缺乏新意，总是标语式的说教，板着面孔老生常谈，自然很难引起教育对象的共鸣。

4. 精华与糟粕并存

近年来，一些地方在反腐倡廉宣传教育中，充分挖掘中国历史上廉政资源教育世人，比如世代传颂的著名廉吏：北宋的范仲淹、包拯，明代的海瑞、于谦等清官故事，以及林则徐、曾国藩、张之洞等清末廉吏，但是，需要注意的是，由于时代局限，这种“清官文化”有着严重的先天不足，可谓精华与糟粕并存。这些缺陷或不足概括起来主要体现在三个方面：首先，“清官”的核心是人治，具有很大的时代局限性；其次，“清官”主观目的仍是为了维护封建阶级的统治，是“忠君”；第三，“清官”所传承的中华廉洁文化的民本思想依然是两千年来封建统治者驭民、牧民思想的延续。这些都是我们应该加以摒弃和超越的。今天我们的反腐倡廉，既要提倡党员干部加强自身修养，还要更多地依靠思想教育、科学制度、有效监督来预防腐败。

（三）当前反腐倡廉宣传教育内容存在问题的原因剖析

当前反腐倡廉宣传教育内容存在问题的原因，主要有以下四个方面。

1. 对反腐倡廉宣传教育工作的重要性认识不足

一些地方和部门的领导干部对反腐倡廉宣传教育工作认识不清，重视不够，对宣传教育的基础性作用缺乏正确理解，认为反腐倡廉宣传教育与己无关，是纪检监察机关的事，对干部重任用轻教育、重使用轻管理；有的业务部门领导干部认为，相对于党政机关，本部门主要搞业务，反腐倡廉宣传教育只要完成了上级下达的任务就行了，没必要在这方面下工夫；极少数纪检监察机关的领导干部觉得抓反腐倡廉宣传教育劳而无功、得不偿失，不如查办案件社会影响大，对宣传教育工作热情不高。甚至有一些地方和部门的领导干部片面地认为抓反腐倡廉宣传教育是要嘴皮子，是搞“空对空”、唱高调；宣传教育的效果不能马上显现，是做“无用功”、白费力；开展宣传教育活动需要一定的经费投入，是“劳民伤财”、滥花钱。因而对反腐倡廉宣传教育工作没有给予足够重视，出现了“一手硬、一手软”的现象。因为思想重视不够，自然不愿意花力气来搞调查、搞研究，容易造成宣传教育的内容空洞无味，使宣传教育走了形式。

2. 典型树立特别是身边典型树立不够

反腐倡廉宣传教育既要用反面典型警示干部群众，也要用勤廉典型正确引导群众；既把人往好的一面引、又防止人往坏的一边走，使贪耻廉荣的价值理念真正成为时代和社会的主旋律。然而，在实际工作中，各地普遍存在典型树不起来的问题，特别是要树立身边的典型难度更大。树立正面典型缺乏“亮色”和说服力，推不出去；树立反面典型难以公开曝光，尤其是还会因为自揭家丑而承担风险，甚至祸累无及，直接影响单位形象和领导的政绩。凡此种种，导致舆论宣传氛围难以形成，使典型教育起不到应有的作用。

3. 缺乏切实有效的领导体制和工作机制

主要表现为：纪检监察机关同其他部门特别是宣传思想部门和新闻舆论部门的协调机制还不够顺畅，影响了宣传教育的整体合力；反腐倡廉宣传教育内容未能完全纳入各级各部门的总体教育规划，对这项工作的重视还不够；尤其是在教育经费有限、培训名额有限的情况下，各级领导考虑更多的是如何开展业务教育培训，不论请进来讲、送出去学，还是组织外出考察、观摩、学习、培训，往往选派的是管理、检查、审计、计算机等岗位的人员，而对从事宣传教育工作的人员教育培训则重视不够。这一方面挫伤了宣传教育工作者的积极性，另一方面也影响了反腐倡廉宣传教育工作的有效开展。

4. 反腐倡廉宣传教育的科学考评机制尚未建立

反腐倡廉宣传教育存在搞形式、走过场、应付的问题，没有形成比较系统、严格的检查考核机制。管理学基本理论认为，人们不会去做领导所想的事情，而会去做领导要检查的事情。一件工作，如果没有科学的考评机制，落空的可能性就比较大。由于目前反腐倡廉宣传教育技术手段落后于时代的发展步伐和科技进步水平，资金投入不足，影响了反腐倡廉宣传教育科学考评机制的建立。

二、科学确定新形势下反腐倡廉宣传教育内容应把握的原则

在科学评价当前反腐倡廉宣传教育内容取得的成效、存在的问题之后，要在坚持成效、改进不足的基础上，充分认识和把握在新形势下科学确定反腐倡廉宣传教育内容的原则。

（一）新形势下科学确定反腐倡廉宣传教育内容，必须遵循反腐倡廉宣传教育内容的发展规律

科学确定反腐倡廉宣传教育内容，既要符合宣传教育工作的基本规律，又要符合反腐倡廉工作特点。根据反腐倡廉宣传教育工作中各相关要素之间的相互联系、

相互作用和发展趋势的基本特征，科学确定反腐倡廉宣传教育内容应遵循以下四个方面的规律。

1. 反腐倡廉宣传教育内容必须立足于社会主义初级阶段这个基本国情和发展社会主义市场经济这个时代条件

开展反腐倡廉宣传教育不能离开市场经济的特性，不能离开市场经济给政治、文化、社会带来的新变化，不能离开市场经济的内在规律和它带来的有利机遇和制约条件。脱离社会主义初级阶段和市场经济基础的宣传教育内容只能是空洞的说教。

2. 反腐倡廉宣传教育内容必须紧紧围绕党的中心任务和不断推进的政治、经济和文化体制改革需要进行

反腐倡廉宣传教育内容必须围绕发展这个党执政兴国的第一要务来进行，必须适应不断变化着的客观环境。同时，反腐倡廉宣传教育内容的确定与党委的重视程度相联系，这不仅仅是纪检监察机关的事情，而是全党的任务，必须摆上重要议事日程，健全机制，完善制度，形成合力。

3. 反腐倡廉宣传教育的内容必须具有针对性

由于每个党员干部和国家公职人员所处的生活环境不同，所接受的教育不同，其思想品德的基础也不同，特别是当前“人们思想活动的独立性、选择性、多变性、差异性明显增强”，而目前对公职人员廉洁从政的要求却是基本统一的。统一的要求与不一致的基础，构成了反腐倡廉宣传教育的一大矛盾。要解决这一矛盾，反腐倡廉宣传教育内容必须根据公职人员的不同层次、不同岗位、不同年龄段，确定不同的重点，不能脱离受教育者所处的社会环境及心理需求。要针对不同时期党员干部队伍和国家公职人员的基本状况、存在的主要问题、苗头性倾向以及思想根源进行宣传教育内容的分类确定、分层施教。比如，对领导干部要突出权力观、地位观、利益观和政绩观教育，促使他们正确对待和行使手中的权力；对一般干部要突出党章教育、党纪政纪条规和国家法律法规教育，促使他们增强纪律意识和法制观念；干部上岗任职前，要通过廉政谈话进行反腐倡廉基本知识教育；履职一段时间后，要通过述职述廉及时进行廉政勤政教育；职务调整变化时，要通过谈心理顺干部思想情绪；发现问题或有群众举报时，要通过提示、函询、诫勉、警示等方式及时进行预防教育；退休前，进行拒腐防变保晚节教育；对受过处分的党员干部要重点抓好“回访”教育。

4. 反腐倡廉宣传教育内容必须注重对传统廉政文化的扬弃

对于我国传统廉政文化，决不能不加分析地全盘接受，而是要善于批判地继承，去粗存精，取其精华去其糟粕，保持宣传教育内容的先进性。一方面，对古代廉政文化所崇尚的“鞠躬尽瘁，死而后已”的精神，它所崇拜的包拯、海瑞等一大批清官廉吏以及民俗文化中流行的廉诗、廉文及廉政格言警句等廉政内容，必须予以继承和发扬；另一方面，对于我国古代廉政文化的历史局限性以及糟粕性的内容，要坚决予以批判。比如，对于我国古代廉政文化中以“忠君”为前提的那部分内容，必须鲜明地予以批判和抵制。

（二）新形势下科学确定反腐倡廉宣传教育内容，必须突出反腐倡廉宣传教育内容的特点

反腐倡廉宣传教育作为党的宣传教育的一个重要方面，与其他宣传教育相比，其内容具有自身鲜明的特点。

1. 要体现政治性

反腐倡廉宣传教育内容要围绕党的思想、政治路线，提出纪律要求，规范和引导党员干部和国家公职人员遵纪守法，突出惩治腐败、纠正各种不正之风和倡导廉洁从政，以保证党的路线、方针、政策在实际工作中得到贯彻落实，政令畅通，为经济社会全面、协调和可持续发展提供政治保证。

2. 要坚持时代性

腐败现象是一个长期的历史过程，决定了反腐倡廉是一项艰巨、复杂的长期工作，也决定了反腐倡廉宣传教育内容的长期性。同时，宣传教育内容的确定，也不是一劳永逸、一成不变的，而是随着社会环境、党员干部所处地位的改变而改变。因此，反腐倡廉教育是终身教育，贯穿于干部成长的全过程，是一项长期任务，但教育内容要随着时代的发展而体现不同时代的特点。

3. 要具有系统性

党员干部和国家公职人员既是受教育者，又是教育实施者，其政治思想道德、作风纪律观念对社会环境和社会风气具有导向作用，同时社会风气对公职人员的思想道德、纪律观念又有巨大影响。因此，反腐倡廉宣传

教育内容应重点突出教育党员干部和国家公职人员，覆盖全体党员和全社会公民。良好的党风，会带动社会风气的好转，反过来，良好的党风、社会风气也会对党员干部的行为形成约束。

（三）新形势下科学确定反腐倡廉宣传教育内容，必须符合开拓创新的时代要求

为什么有人对宣传教育不感兴趣，不是打瞌睡，就是一只耳朵进一只耳朵出，宣传教育成了“雨过地皮湿”，作用不大，一个很重要的原因就是有的地方和部门搞宣传教育老是唱“昨日歌”，总是重复“往日的故事”。实践证明，宣传教育灵不灵关键看内容行不行。要使宣传教育真正入耳、入脑、入心，讲到广大党员干部的心坎里去，确实引起心灵的共鸣，就要在创新宣传教育内容上下工夫。

1. 要针对宣传教育对象特点创新

有的单位搞反腐倡廉宣传教育，不是临时找几张报纸读一读，就是将上级下发的文件拿来照本宣科，根本就没有在内容上精雕细琢，教育效果可想而知。报纸、文件要不要学，回答是肯定的，但那毕竟是针对各行各业和广大群众的。因此，内容创新要针对不同的宣传教育对象的特点，在宣传教育前认真进行调研，切实摸清广大党员干部在廉洁从政上存在哪些模糊认识，还有哪些思想疙瘩要解决等等，在掌握了大量第一手素材后，再反复分析，理出带倾向性、普遍性的问题。抓住广大党员干部关注的焦点、热点，确立宣传教育内容，并分层施教，宣传教育自然就能激发他们的兴奋点，从而解

决问题，达到宣传教育的目的。

2. 要针对工作实际创新

同一个部门或单位，处在不同的地区或岗位上，面对的情况又有不同。因此，要具体问题具体分析，选择最贴近本单位实际的教育内容。比如，选事例，不论是正面的还是反面的，有本单位的就不用外单位的，有近期的就不用过去的。有人会说，正面典型怎么讲都行，可讲本单位的反面事例，拉不下面子，这是非常有害的认识。其实，板子越是打在具体人身上，受教育的不仅是本人，对周围的同事更具教育意义，印象更深。从多年的实践看，用新近发生的身边的人和事进行廉政教育最有说服力。

3. 要针对新情况、新问题创新

在改革开放和发展社会主义市场经济条件下，复杂的国内外环境使得腐朽思想对于党员干部的影响和侵蚀长期存在，而且将随着时间推移产生许多新情况、新问题。这就要求宣传教育内容要适应形势发展，准确把握党员干部的思想实际，积极探索新形势下反腐倡廉宣传教育的特点和规律，使新时期反腐倡廉宣传教育内容充分体现时代性，把握规律性，富于创造性，增强实效性。

四、科学确定新形势下反腐倡廉宣传教育的主要内容

中央《实施纲要》明确指出：“对领导干部反腐倡廉教育，要以树立马克思主义的世界观、人生观、价值观和正确的权力观、地位观、利益观为根本，以艰苦奋

斗、廉洁奉公为主题，以更好地做到立党为公、执政为民为目标，坚持进行党的基本理论、基本路线、基本纲领和基本经验教育，进行理想信念和从政道德教育、党的优良传统和作风教育、党纪条规和国家法律法规教育。”据此，新形势下反腐倡廉宣传教育应当包括八个方面的主要内容。

（一）以“两个必须”为重点加强反腐败斗争形势教育

贺国强同志指出：“当前，社会上对反腐败斗争形势存在一些不同认识，既有人过高估计取得的成绩，存在盲目乐观倾向；也有人过分夸大腐败问题的严重程度，存在悲观失望情绪。国内外敌对势力则利用反腐败问题歪曲、否定我们党的领导和国家政治制度。究竟如何看待当前的反腐败斗争形势，我看还是要讲两句话：第一句话是：成效显著，必须坚定信心。第二句话是：问题严峻，必须坚定决心。”因此，我们要以“两个必须”为重点，加强对党员干部的反腐败斗争形势教育。这是我们开展新形势下反腐倡廉宣传教育应当首先抓好的一项内容。

在“成效显著，必须坚定信心”方面。我们党是全心全意为人民服务的马克思主义政党，党的性质和宗旨决定了我们党同各种消极腐败现象是水火不相容的。长期以来，广大党员干部为党和人民的事业勤奋工作、无私奉献，党员干部队伍的主流是好的，腐败分子只是极少数。我们党始终高度重视和大力加强党风廉政建设和反腐败工作，逐步形成了符合我国国情的反腐倡廉指导思想、基本原则、工作方针、工作格局、领导体制和工作机制以及法规制度体系基本框架，走出了一条中国特色反腐倡廉道路。党的十七大以来，党风廉政建设和反腐败斗争方向更加明确，思路更加清晰，力度不断加大，领域不断拓宽，特别是以完善惩治和预防腐败体系为重点整体推进反腐倡廉建设，在查办大案要案、解决群众反映强烈的突出问题、推进改革和制度建设、强化对权力运行的制约和监督等方面取得重大进展，消极腐败现象得到进一步遏制，为改革发展稳定提供了坚强保证。据国家统计局民意调查显示，人民群众对反腐败工作成效的满意度 2003 年为 51.9%，2008 年达到 65.5%；群众认为消极腐败现象得到不同程度遏制的比例 2003 年为 68.1%，2008 年达到 81.6%，均呈逐年上升趋势，国际社会对我国反腐败工作也给予积极评价。我们要教育广大党员干部充分认识反腐败斗争取得的显著成效，进一步坚定反腐败斗争的信心。

在“问题严峻，必须坚定决心”方面。我国正处于并将长期处于社会主义初级阶段，腐败现象滋生蔓延的土壤和条件在短期内难以消除，拜金主义、享乐主义和极端个人主义等腐朽思想对党员干部的侵蚀不可低估。特别是由于一些领域的体制机制制度还不健全，完善的法治环境和有效的监督机制还没有完全形成，一些基层党组织管理不严、软弱涣散的问题还没有从根本上得到解决等，目前腐败现象在一些领域仍然易发多发，高中级领导干部违纪违法案件时有发生；一些案件涉案金额巨大、违纪违法情节严重；窝案、串案、案中案明显增多，利用职权为特定关系人谋取非法利益问题突出；损害群众利益的问题仍然比较突出，等等。这表明，当前反腐败斗争正处于有利条件与不利因素并存、成效明显与问题突出并存的局面，反腐倡廉建设形势依然严峻、任务依然艰巨。我们要教育广大党员干部充分认识反腐败斗争的长期性、复杂性、艰巨性，坚定不移地推进反腐败斗争。

（二）以"最致命的滑坡"、"最危险的动摇"为重点加强理想信念教育

胡锦涛同志指出："从主观上说，放松世界观的改造，背弃理想信念，思想蜕化变质，是一些人堕落为腐败分子的根本原因。理想信念是思想和行动的'总开关'、'总闸门'，理想的滑坡是最致命的滑坡，信念的动摇是最危险的动摇。""越是深化改革，扩大开放，越是发展社会主义市场经济，越是要加强对广大党员干部的理想信念教育，激励全党同志在日益复杂的环境中进一步坚定理想信念。"这就充分说明了加强理想信念教育在反腐倡廉宣传教育中的重要地位。新的形势下，一些党员干部对牢固树立共产主义理想信念的重要性认识不足、理想信念意识淡薄，迫切需要强化以"最致命的滑坡"、"最危险的动摇"为重点的理想信念教育。要通过从理想信念的角度对犯错误的党员干部进行深刻剖析，使广大党员领导干部掌握和运用辩证唯物主义和历史唯物主义的强大思想武器，善于从人类社会发展规律的高度来认识和把握当今世界的发展变化，既客观看待当代资本主义经济、科技发展的现实，又深刻认识资

本主义社会的基本矛盾及其历史趋势；既正确看待社会主义发展过程中出现的曲折反复，又充分认识社会主义的强大生命力和巨大优越性，通过认识规律保持清醒头脑，通过把握规律辨明前进方向，任何时候任何情况下都确保在理想信念上不犹疑、不含糊、不动摇，坚定不移地走中国特色社会主义道路，矢志不渝地为实现党在社会主义初级阶段的基本路线、基本纲领而奋斗。

世界观、人生观、价值观是对客观世界、对人生、对人生意义的总体看法和根本态度。我们的社会在发展和进步的过程中既出现了一些腐败分子和消极腐败现象，但更多的是涌现出了像郑培民、王瑛等一大批先进人物，这就说明，世界观、人生观、价值观对人的发展起着引导性的作用。人的“三观”一错，评判是非、美丑、善恶、荣辱的观点就会大错而特错。纵观社会上所有的歪风邪气、谬论邪说、腐败现象、犯罪行为、不良作风，无不源于错误的世界观，错误的人生观，错误的价值观。作为一名党员干部特别是领导干部必须明白这些最基本的道理。正如胡锦涛总书记在《“三个代表”重要思想研讨会上的讲话》中所强调的：“领导干部不树立正确的世界观、人生观、价值观，不解决好权力观、地位观、利益观，就不可能领导好改造客观世界的工作。”所以，世界观、人生观、价值观“三观”教育是反腐倡廉宣传教育的根本，必须切实抓紧抓好。

（三）以中国特色社会主义理论为重点加强党的基本理论和反腐倡廉理论教育

中国特色社会主义理论体系是马克思列宁主义在当

代中国的继承和发展，是符合中国实际的马克思列宁主义。我们要坚持用这些科学理论武装党员干部的头脑，领会和掌握其科学内涵和精神实质，真正做到运用马克思主义的立场、观点和方法去分析解决实际问题。因此，必须加强对党员干部的党的基本理论教育，提高他们在政治上、思想上的坚定性、敏锐性和洞察力。

加强中国特色社会主义理论体系教育，重点是加强科学发展观教育。科学发展观，作为中国特色社会主义理论体系的重要组成部分，是对党的三代中央领导集体关于发展的重要思想的继承和发展，是马克思主义关于发展的世界观和方法论的集中体现，是同马克思列宁主义、毛泽东思想、邓小平理论和“三个代表”重要思想既一脉相承又与时俱进的科学理论，是我国经济社会发展的重要指导方针，是发展中国特色社会主义必须坚持和贯彻的重大战略思想。加强科学发展观教育，用科学发展观指导反腐倡廉建设，就是要努力把科学发展观转化为推进反腐倡廉建设的正确思路、领导反腐倡廉建设的实际能力、促进反腐倡廉建设的政策措施。要把为经济和社会发展服务作为反腐倡廉建设的长期任务，始终把实现好、维护好、发展好最广大人民群众的根本利益作为出发点和落脚点，要针对群众反映强烈的突出问题开展执法监察，坚决纠正增加农民负担、教育乱收费、药品购销和医疗服务中的不正之风等问题；严肃查处企业重组改制和破产中侵害职工合法利益、征用土地侵害农民利益、城镇拆迁侵害居民利益等损害群众利益的违法行为，把立党为公、执政为民的要求落实到反腐倡廉建设的各项工作中去。不断适应新形势、新任务的要求，创新工作机制，把改革的推动力、教育的说服力、制度的约束力、监督的制衡力、惩治的威慑力结合起来，努力促进反腐倡廉建设各个环节、各个方面相协调。要从整体上把握反腐倡廉建设各项工作之间的联系，统筹各部门之间的力量，形成党委统一领导、纪委组织协调、部门各负其责、依靠群众支持和参与的工作体制和机制，增强反腐倡廉建设的合力。

（四）以正确认识“权力的来源和本质”为重点加强党的宗旨教育

全心全意为人民服务是我们党的根本宗旨，是共产党立党为公、执政为民的集中反映。毛泽东同志说：“为什么人的问题，是一个根本问题，原则问题。”正是由于我们党是全心全意为人民服务的，才赢得了人民群众的信赖、支持和拥护。

党的宗旨教育的实质是权力观教育。所谓权力观，是指人们对权力的总的看法，包括对权力的来源、掌握权力的目的、行使权力的方式、为谁掌权、为谁服务等问题的认识和态度。树立正确的权力观，是提高党的执政能力的迫切需要，是解决干部队伍中突出问题的迫切需要，也是预防腐败的迫切需要。应该说，我们的绝大多数领导干部都能把人民赋予的权力视作为人民服务的手段，牢记党的宗旨，自觉践行“三个代表”，殚精竭虑，一心为民；但也有少数领导干部不能正确看待自己手中的权力，有的把权力当作获得金钱、美色的工具；有的把权力当作个人飞黄腾达、光宗耀祖的途径；有的把权力视为个人“私恩”的产物，甚至把权力作为对个别人效忠的工具；还有的把权力当儿戏，对人民赋予的权力极不负责，敷衍塞责，得过且过，甚至胡作非为，草菅人命，给人民群众的生命财产造成难以弥补的损失。这些权力“错位”现象，虽然发生在少数领导干部身上，却引起了群众的强烈不满，损害了党群、干群关系，败坏了党的形象和威信。这些问题的存在，更加突出了加强权力观教育的重要性。全党同志特别是领导干部，都要从事关党的执政地位是否巩固的高度，从事关国家前途命运的高度，牢固树立正确的权力观。同时，腐败问题的发生，无不是权力腐败的表现，而权力腐败的出现，又在很大程度上由权力观“错位”所致。因此，加强反腐倡廉建设，也迫切要求广大干部牢固树立正确的权力观。

因此，我们要通过宗旨教育，使党员干部牢固树立马克思主义权力观、地位观和利益观，正确认识权力的来源和本质，真正明白群众路线和群众观点是我们党的力量源泉，权力取之于民，必须用之于民。要通过教育，使党员干部认识到人民群众是历史的创造者和社会的主人，真正懂得手中的权力是人民赋予的，必须用来为人民服务。认识到权力是一柄双刃剑，职务面前先想责任，权力面前先想义务，增强权力即是责任的意识。要通过教育使党员干部清楚市场经济条件下权力应该如何行使，容易在哪些环节上出问题，从而带头恪守全心全意为人民服务的根本宗旨，自觉反对脱离群众的形式主义、官僚主义，反对权力商品化、私有化，反对以权谋私。要通过教育，引导广大党员干部正确认识和处理奉献精神和利益原则之间的关系，坚持党和人民的利益高于一切，做到心里装着群众，凡事想着群众，工作依靠群众，一切为了群众。坚持立党为公、执政为民，不能停留在口号和一般要求上，必须围绕人民群众最现实、最关心、最直接的利益来落实，切实把权力用来为人民群众谋利益。

（五）以加强道德修养、树立良好风尚为重点加强道德教育

胡锦涛同志在中央纪委六次全会上指出，“要教育引导党员干部特别是领导干部自觉加强道德修养，常修为政之德，常思贪欲之害，常怀律己之心”，要“模范遵守社会主义公德，职业道德，家庭美德，坚决抵御各种腐朽落后思想文化的侵蚀，永葆共产党人的高风亮节”。在中央纪委第七次全会上，胡锦涛同志再次强调：“各级领导干部要自觉加强思想道德修养，模范遵守社会公德、职业道德、家庭美德，讲操守、重品行、做表率。”这就为加强党员干部特别是领导干部思想道德教育指明了方向：一要加强从政道德行为规范的教育，树立人民利益高于一切、全心全意为人民服务、权力来自人民等从政道德观念；二要加强社会公德教育，大力倡导为人民服务和集体主义原则；三要加强职业道德教育，树立职业新风尚，规范职业行为；四要加强家庭美德教育，形成艰苦奋斗、勤俭持家的良好家风，教育和管好配偶和子女。2006 年 3 月，胡锦涛同志提出了以“八荣八耻”为主要内容的社会主义“荣辱观”，

要求党员干部特别是领导干部要在树立社会主义“荣辱观”方面当模范、做表率，做一个心地清净、品行端正的人。体现了社会主义基本道德规范的本质要求，是加强党员领导干部思想道德建设的重要内容。

在具体操作上，一要把反腐倡廉宣传教育与社会公德教育结合起来。社会公德是全体公民在社会交往和公共生活中应该遵循的行为准则，涵盖了人与人、人与社会、人与自然之间的关系，是公民个人道德修养和社会文明程度的重要表现。社会公德的主要内容是文明礼貌、助人为乐、爱护公物、保护环境、遵纪守法。反腐倡廉宣传教育与社会公德教育相结合，就是要通过多种渠道，运用各种手段，大力培养公民的公共意识和政治责任感，大力培养公民的法律意识，积极倡导健康文明的生活方式，营造文明高尚的社会风气，为党员干部廉洁从政创造良好的社会环境。二要把反腐倡廉宣传教育与职业道德教育结合起来。职业道德是所有从业人员在职业活动中应当遵循的行为准则，涵盖了从业人员与服务对象、职业与职工、职业与职业之间的关系。职业道德的主要内容是爱岗敬业、诚实守信、办事公道、服务群众、奉献社会。把反腐倡廉宣传教育与职业道德教育相结合，就是要把廉洁奉公、诚实守信、公道正派、全心全意为人民服务等廉洁教育内容纳入职业道德教育和培训中，促使从业人员恪守职业道德，养成良好的职业习惯。要大力开展创建文明行业活动，逐步在全社会形成诚信为本、操守为重的良好风尚，促进党风、政风、行业风气和社会风气建设的协调发展。三要把反腐倡廉宣传教育与家庭美德教育结合起来。家庭美德是每个公民在家庭生活中应该遵循的行为准则，它的主要内容是尊老爱幼、男女平等、夫妻和睦、勤俭持家、邻里团结。从近些年来我们查处的领导干部严重违纪违法案件看，纵容配偶子女在经商办企业中谋取非法利益和生活上腐化堕落甚至嫖娼、包养情妇，是两个突出的表现。这与领导干部家庭美德的丧失和社会不良风气的影响密切相关。因此，要切实加强对领导干部和公民的家庭美德教育，引导人们正确对待亲情，养成勤俭节约的习惯，培育良好的生活作风。要大力开展文明家庭创建活动，增强家庭成员的反腐倡廉意识，推进健康、文明、向上、和谐、廉洁的良好家风的形成。

（六）以“党纪国法是‘高压线’”为重点加强党纪国法教育

党的纪律是党的各级组织和全体党员必须遵守的行为规则，党组织必须严格执行和维护党的纪律，共产党员必须自觉接受党的纪律的约束。贺国强同志明确指出：“加强教育是反腐倡廉的基础性工作，是党员干部拒腐防变的思想保证。针对党员干部思想和作风方面存在的突出问题，在全党深入开展党风党纪教育，坚持优良传统，弘扬新风正气，抵制歪风邪气，切实做到为民、务实、清廉。”从近年来查处的案件看，纪律意识淡薄往往是领导干部犯错误的重要原因，一些领导干部对哪些是违纪行为、哪些是犯罪行为以及这些行为的后果是什么模糊不清。现在有的领导干部认为自己工作付出很多，拿点、占点是合理的“回报”，收点礼金、财物也不是什么大问题，结果逐步走上违法犯罪的道路。

党章是我们党立党、治党、管党的总章程，在党内具有最高的权威性和最大的约束力。2006 年 1 月，胡锦涛同志在中央纪委第六次全会上专门就学习、遵守党章发表了重要讲话，强调要“始终把学习党章、遵守党章、贯彻党章、维护党章作为全党的一项重大任务抓紧抓好”。广大党员干部一定要深入学习党章，增强组织观念和纪律观念，努力做遵纪守法的模范。

党纪教育是纪委和党的其他组织以维护和加强党的纪律为中心，以提高广大党员、干部遵守党的纪律的自觉性，保证党的团结统一和党的路线、方针、政策的贯彻执行以及实现共产主义伟大理想为目的的思想政治教育。要通过对《中国共产党纪律处分条例》、《中国共产党党内监督条例（试行）》、《中国共产党党员领导干部廉洁从政若干准则》、《中华人民共和国行政监察法》等党内法规和国家法律法规的教育，加深广大党员干部对党纪政纪和法律法规的理解，明确从政行为规范，清楚违纪行为的后果，切实增强“党纪国法是‘高压线’”的意识，切实增强遵纪守法的自觉性。

（七）以“忆苦思甜”为重点加强艰苦奋斗教育

坚持党的优良传统和作风，坚持艰苦奋斗，是我们党不断取得革命和建设胜利的法宝，也是抵御腐朽思想侵蚀的有力武器。在党的七届二中全会上，毛泽东同志高瞻远瞩地向全党特别是高级干部敲了警钟，提出了“两个务必”的著名论述。在改革开放新的历史时期，邓小平同志一再强调领导干部要在保持和发扬艰苦奋斗优良传统方面起带头作用。他说："提倡艰苦创业精神，也有助于克服腐败现象。"江泽民同志强调："艰苦奋斗，是中国共产党的光荣传统，是我们党保持同人民群众密切联系的一个法宝，也是一个干部特别是领导干部必须具备的基本政治素质。"胡锦涛同志说："只有坚持艰苦奋斗，心中装着人民群众，始终同人民群众同呼吸、共命运、心连心，才能保持我们党同人民群众的血肉联系，才能增强抵御腐朽思想侵蚀的能力，才能不断与时俱进、开拓创新。"

党的性质和肩负的历史使命，决定了我们党必须始终坚持和发扬艰苦奋斗的优良传统和作风。"艰难困苦，玉汝于成"、"历览前贤国与家，成由勤俭败由奢"，我们党正是靠着"艰苦奋斗"，把人民群众紧紧地团结在鲜红的党旗下，去为实现党的路线而前赴后继，努力奋斗。每一个共产党人，都应该养成勤劳俭朴的好作风。艰苦奋斗与廉洁从政是相辅相成的，只有艰苦奋斗，从政才会廉洁，否则，贪图安逸享受，只会腐化变质。当前，少数领导干部艰苦奋斗的意识淡化，沉溺于灯红酒绿、安逸享乐之中，严重损害了党和政府的形象，损害了党群干群关系。因此，我们要以"忆苦思甜"为重点，大力加强艰苦奋斗教育，大力倡导勤俭建国、勤俭办一切事业，大力发扬艰苦奋斗、励精图治、知难而进、自强不息的精神，反对浪费，严禁讲排场、比阔气、挥霍公款，以艰苦奋斗的精神，奋发向上，做好工作，推动经济社会发展。

(八) 以有效预防岗位廉政风险为重点加强岗位廉

政教育

开展岗位廉政教育，是深化反腐倡廉教育的有效载体，是切实增强反腐倡廉教育针对性和有效性的有力举措。岗位廉政教育是针对不同岗位开展的针对性廉政教育，其重点是公职岗位上的党员干部，特别是各单位掌管“人权、财权、事权”的党员干部。它根据不同岗位的职责和可能发生的廉政风险，从小问题入手，进行具体的、生动的行为规范教育，通过因时施教、因岗施教、因人施教等人性化举措，开展有针对性的个性化互动式岗位廉政教育活动，使党员干部和公职人员深刻认识到“重点岗位必是高风险岗位”，从而切实增强廉洁从政的自觉性，及时发现和纠正问题，强化预防，完善制度，筑起强有力的思想防线。

岗位廉政教育的基本方法是强化对重点岗位党员干部廉政风险教育：第一，明确岗位职责。根据各单位实际情况，以构建权力阳光运行机制为目标，对所有工作岗位进行分类，形成完整的岗位目录，明确每个岗位的工作职责，明晰权力边界。要查清职责范围内有哪些权限，以处（室）为单位，围绕各自的岗位职责，逐项进行查找。还要查清自己是否做到了权为民所用，尤其是在与群众生产生活密切相关、群众反映强烈的难点热点问题上，是否做到了尽职尽责、依法办事。第二，查找岗位风险。针对不同的岗位，通过发动党员干部自己查、全体职工互相查、面向管理服务对象等社会层面征集、针对暴露出来的问题进行分析和开展廉政风险点大讨论等多种途径，认真梳理行政权力流程，查找每个岗位的廉政风险点，查找对权力监督是否到位，是否存在权力寻租、霸王条款以及各种潜规则，并认真分析产生廉政风险的根源和途径，从而使廉政教育工作有的放矢。第三，梳理教育内容。根据查找出来的岗位廉政风险点，结合岗位廉政行为规范和相关的制度要求，从最容易产生腐败和不正之风的环节、党员干部中思想认识上最模糊的问题等方面入手，梳理教育内容，形成系统的、分门别类的教育材料。特别要注意把握重点岗位和关键环节，牢牢抓住容易引发、滋生腐败行为的关节点和高风险岗位作为教育的重点，根据这些风险点，从共性要求和个性要求两个层面，科学设置教育内容，通过鲜活的情景再现廉政风险，让受教育者“身临其境”，进一步增强教育的直观性和针对性。第四，落实教育措施。选择有效的教育载体，如开通网上学习交流平台、参观廉政教育和警示教育基地、举办知识竞答和案例讲座、开展情景模拟和廉政谈话等方式，让每一位党员干部职工都能了解自身的岗位廉政风险和行为规范，知道哪些能做哪些不能做，使其在面对类似的情形时能够做出正确的选择，达到入脑入心的教育目的，把每个岗位的廉政风险降到最低。

[参考文献]

[1] 李本刚：《建立健全教育、制度、监督并重的惩治和预防腐败体系实施纲要教程》，中国方正出版社，2007年版。

[2] 宁波市江北区纪委课题组：《传统清官文化与

当代廉政文化建设》。

（长治市纪委监察局、山西省委党校联合课题组）
课题组组长：高建国
课题执笔人：王建军、李玉忠、徐文亮

分报告之三

着力改进方式方法
积极完善体制机制
提高反腐倡廉宣传教育的
科学性　规范性　有效性

反腐倡廉宣传教育，既是对风险人群直接展开的防治措施，也是对普通公民进行的先进文化熏陶过程，更是对腐败者实施的惩治教化手段。近年来，全国各级纪检监察机关紧紧围绕党和国家中心工作，锐意进取、勇于创新，弘扬正气、鞭挞腐恶，充分发挥反腐倡廉宣传教育的基础作用，努力在全社会形成反腐倡廉的良好舆论氛围，为坚决惩治和有效预防腐败，推进党的建设新的伟大工程提供了强有力的精神动力、思想保证和舆论支持，取得了良好的效果。但是，随着所面临的世情、国情、党情、政情、舆情发生的深刻变化，对我国的政治、经济、文化包括意识形态领域都带来了巨大冲击，作为思想政治工作重要内容的反腐倡廉宣传教育也面临着诸多挑战。一、从世情看，经济全球化趋势对反腐倡廉宣传教育提出了严峻挑战。多年来，我国发展不仅面临着西方敌对势力无休止的干扰与冲击，同时与周边国家也存在着许多不和谐因素甚至是一触即发的矛盾。在当前经济全球化的推动和影响下，西方以及周边的敌对势力借助其经济、文化和信息技术优势对我国实施西化、分化策略。其中敌对势力对我国实施渗透的惯用伎俩之一，就是利用腐败问题大做文章，诋毁和攻击社会主义制度，动摇干部群众对党领导反腐败的信心。在“文化资本”的无形侵蚀下，一些党员干部对多年来一直接受的主流教育产生质疑和抵触情绪。甚至个别党员干部的理想信念产生动摇，对社会主义前途信心不足。二、从国情看，市场经济体制改革对反腐倡廉宣传教育提出了直接挑战。市场经济的发展导致与市场经济联系密切的物质主义、拜金主义、享乐主义的蔓延，使得一些党员干部片面追求个人物质利益，热衷于同一些大款、富豪攀收入、比潇洒，沉湎于“酒绿灯红”之中，同时一些党员干部大搞权钱交易、权色交易、权权交易，获取不正当利益。三、从党情看，全面推进党的建设新的伟大工程对反腐倡廉宣传教育提出了重大挑战。一些希望从党的执政地位中捞取好处的人乔装打扮混进了党内，一些没有树立好“三观”的领导干部与腐败分子同流合污。同时，随着党员数量的不断增加，党员干部接受各种错误思想观念影响的渠道明显增多，以及被党组织严肃查处的违纪违法干部中相当部分人员对党和政府抱有的对立抵触情绪的不断累积和聚集，对党的建设和反腐倡廉教育工作提出了重大的挑战。四、从政情看，庸俗泛滥的官场“潜规则”对反腐倡廉宣传教育提出了现实挑战。融合了数千年封建官场“潜规则”

的影子和现行干部管理体制、工作运行方式中所衍生出来的陋习的官场“游戏规则”，导致一些党政机关及官员热衷“作秀”，大搞劳民伤财的“形象工程”和沽名钓誉的“政绩工程”；干部队伍中逢迎讨好、相互吹捧之风不断蔓延，弄虚作假、奢侈浪费之风等司空见惯，同时许多地方用人上的不正之风等情况愈演愈烈。五、从舆情看，掌握现代传媒和信息网络的话语权对反腐倡廉宣传教育提出了艰巨挑战。随着电视、报纸、广播等现代传媒特别是网络媒介的迅速发展，受教育者获取信息的渠道明显增多。网络时代的党员干部已不再满足于“你说我听”的被动式教育；不再满足于信息传播缓慢、容量受限、受众面窄的传统宣传教育形式，而更愿意利用网络主动获取自己所需要的信息。

在诸多新挑战的影响下，我们的反腐倡廉宣传教育工作，特别是反腐倡廉宣传教育工作的方式方法也逐渐暴露出许多新的问题，亟须我们加以解决。

一、反腐倡廉宣传教育方式方法存在的问题与原因

近年来特别是党的十七大以来，各地按照中央党风廉政建设和反腐败工作总体部署，坚持围绕中心，服务大局，切实加强以完善惩治和预防腐败体系为重点的反腐倡廉建设，充分发挥职能作用，深入落实工作部署，大力开展反腐倡廉宣传教育各项工作，开展了廉政教育专题培训和党风廉政教育工作；宣传、学习、推广先进典型；深入开展示范教育、警示教育、岗位教育、跟踪教育和社会教育；创新探索了廉政谈话、廉政提醒等制度；积极探索组建了纪检监察网评员、信息员队伍，还

通过开展形式多样的廉政文化活动，全面促进了廉政文化的建设发展，取得了明显的成绩。

但同时也还存在一些对象不明、方法不活、效果不实等问题，导致部分党员干部对主流教育表面接受，但内心不以为然，进而出现胡锦涛同志在十七届四中全会上指出的宗旨意识淡薄，脱离群众、脱离实际，不讲原则、不负责任，言行不一、弄虚作假，铺张浪费、奢靡享乐，个人主义突出，形式主义、官僚主义严重等现象。

（一）缺乏规律性研究，“事倍功半”多、“事半功倍”少

许多施教者对反腐倡廉宣传教育的内在规律研究不深、琢磨不透，无论态度是否端正、工作是否卖力，效果都会大打折扣。例如：工作缺乏长期规划，一味追求“轰动效应”，热衷于搞“短、平、快”，结果往往是开始轰轰烈烈、中途偃旗息鼓、最后悄无声息；工作视野狭窄，只注重党员干部的教育，而忽视社会氛围的营造，只注重教育党员干部做一个“好官”，而忽视教育党员干部做一个“好人”；随意性和变通性较强，拿不出一套切实可行的约束考核机制，导致参教人员来去自如，心得体会千篇一律，廉政测试能抄准看。由于做不到探索规律、把握规律和运用规律，宣传教育也就很难达到预期效果。

（二）缺乏针对性分类，“飞播造林”多，“因人施教”少

反腐倡廉宣传教育不能做到因地制宜，对症下药，

"一锅煮"、"一刀切"的现象普遍存在。工作中往往是上级要求干什么就干什么，没有结合实际选择合适的内容和方法。特别是在宣传教育对象的针对性上，"同一化"现象比较突出，厅局级干部与一般干部，年轻干部和退休干部，重点岗位与一般岗位，甚至不同行业与不同领域的人员都使用同一种教材，听同一类报告，办同一类培训，导致"一人生病，全家吃药"。如播放一些高级领导干部案件的警示教育片，省部级干部看了或许深受触动，但普通党员看了，会觉得与自己相距甚远，有的甚至认为"人家上百万地贪，咱这小打小闹不算啥"，使效果适得其反。

（三）缺乏鲜活性手段，"生硬灌输"多、"亲和感化"少

突出表现为一些地方的反腐倡廉宣传教育生、冷、硬、蛮，缺乏亲和力和感染力，受教者避之不及、拒而远之，又何谈教育效果。比如，一些施教者技能欠佳，套话、大话、空话连篇，开口闭口都是大道理；一些单位的宣传教育活动主要采取理论和条规灌输的方式，居高临下地进行说教；有的领导干部在教育下属时，忽略思想上的沟通，常常板起脸孔训人，拿起条规吓人。这种教育方式不是建立在教育实施者与受教育对象相互理解与沟通的基础上，难以引起受教育对象思想上的共鸣，削减了党员干部参与教育的热情，而且往往由于脱离党员干部工作生活实际，引发受教育对象的逆反心理。

（四）缺乏典型性例证，"远观教育"多，"切身教

育”少

由于典型教育的力度明显不足，导致许多受教育者总是抱着一种旁观者的态度，缺乏震撼心灵的切身之感，往往是一教了之、依然如故。例如：在正面典型方面，选树的多是一些已故的人物，活生生的先进典型较少；多是一些外地的、远方的人物，身边的、有血有肉的先进典型较少；有的正面典型甚至在数年后成为了负面典型，难以让党员干部心服口服。在负面典型方面，不仅仅是选取的例证多与受教者距离太远，震撼和警戒作用有限；甚至有的干脆属于性质严重、而处分明显偏轻的案例，党员干部看了不仅不会有所警醒，反而助长了“不过如此”的轻视心理和侥幸心理。

（五）缺乏时代性特征，“墨守成规”多，“与时俱进”少

突出表现在：反腐倡廉宣传教育形式呆板僵化，一成不变，多停留在读文件、听报告、做笔记、写心得的程式化层面上，导致“宣教年年搞、年年老一套”，与多元化的信息社会相脱节；宣传教育内容老生常谈，尤其是对年轻党员干部来讲，无论怎样宣扬新旧社会的差别、计划经济和市场经济的差别，他们都不会像老一辈党员干部那样感触深刻；宣传教育理念陈旧教条，对于教育触角向受处分人员延伸、把握网络宣教主动权、创新发展特色廉政文化等一些当下社会亟待的新要求，反应迟钝，跟进乏术，整体工作缺乏时代特征。

二、提高反腐倡廉宣传教育科学化水平的思考与对策

贯彻落实胡锦涛同志在十七届中央纪委五次全会上提出的“提高反腐倡廉教育的科学性、规范性、有效性”新要求，反腐倡廉宣传教育必须与时俱进，进一步调整工作思路，改进方式方法，使之更加贴近党员干部思想实际、贴近反腐倡廉建设实际、贴近经济社会发展实际，不断增强整体效果，切实为反腐倡廉建设创造良好的舆论环境和思想保证。

（一）把握“五个关系”，使反腐倡廉宣传教育更加贴近客观规律

1. 要正确认识和把握好继承与创新的关系

反腐倡廉宣传教育不善于继承，就没有创新的基础；不善于创新，就缺乏持续的活力。必须要有开放的心态和宽广的视野，勇于借鉴吸收一切优秀的反腐倡廉宣传教育成果，坚持在继承中创新，在创新中发展。为此，反腐倡廉宣传教育既要与时俱进，不断研究新情况，发现新问题，探索新方法；又不能一概否定、盲目摒弃过去一些行之有效的好做法、好经验。

2. 要正确认识和把握好当前与长远的关系

当前是长远的基础，而长远是当前的发展；当前是立足点和出发点，而长远是则是着眼点和归宿点。反腐倡廉宣传教育从战略上看，要坚持着眼长远，切实作为一项持久工程来抓。人的思想政治素质和道德修养境界的提高是一个潜移默化的过程，不可能仅靠某一阶段的宣传教育就终身管用，必须靠不断的理论武装和知识积累来奠定基础，靠不断的社会实践来提升觉悟。从战术上看，要立足当前，切实作为一项紧迫任务来实施，有

针对性地确定每个阶段的工作重点，扎扎实实地打好每一个战役，这样才能积小胜为大胜，牢牢掌握反腐倡廉宣传教育的主动权。

3. 要正确认识和把握好部分与整体的关系

宣传教育是惩防体系中的一个重要组成部分，实践证明，能否充分发挥其基础性作用，直接关系到党风廉政建设的总体成效；同时，惩防体系建设又是一个有机整体，教育和制度、监督、改革、纠风、惩治等环节相辅相成、相互促进。为此，我们既要突出局部作用，克服“宣教无用论”的错误认识，把宣传教育工作摆在更加重要的位置；又要树立全局观念，纠正“宣教万能论”的错误思想，努力把宣传教育融于惩防体系的各个方面，通过宣传教育为制度建设提供精神支撑、为监督检查确立价值标准、为改革创新拓展视野空间、为纠风治乱夯实思想基础、为惩治腐败延伸治本渠道，更好地发挥其综合效应。

4. 要正确认识和把握好虚功与实做的关系

宣传教育解决的是党员干部的观念、思维和意识问题，是精神领域中的“无形工程”。从这个意义上讲，宣传教育确有“务虚”的特征。然而“虚功”并不等于“虚无”、“虚做”，“虚功”可以而且应当“实做”，这才是反腐倡廉宣传教育生命力所在。我们必须坚持以入脑入心为目的，对宣传教育做出合乎人心、顺乎潮流的全面改进和不断创新，坚决克服空洞说教和形式主义，不断增强宣传教育的吸引力、感染力和影响力，真正发挥宣传教育在指导主观世界改造方面的积极作用。

近年来，山西省运城市针对“百乡千企万民访情问策党风廉政建设问卷大调查”活动中，51.7%的干部群众反映反腐倡廉宣传教育“假、空、虚”的弊端，坚持虚功实做，通过在市县两级创建14个廉政警示教育基地，综合运用典型的腐败案例、直观的图文素材、真实的囚牢体验、动情的现身说法等形式，推动反腐倡廉宣传教育由虚而实、由空而真，促使其效果更直接、更深刻、更生动、更具体。

5. 要正确认识和把握好重点与普遍的关系

反腐倡廉宣传教育既要抓住各级领导干部，又不能放松普通党员干部，要点面结合、上下联动。党员领导干部是重中之重，因为他们身居要位，手握重权，腐败风险系数高，从关心、爱护、保护干部的角度出发，越是工作出色、一帆风顺的时候，越要多加教育、多促警醒、多打招呼，使其始终绷紧廉洁自律之弦，尽可能少犯错误或不犯错误。普通党员是重中之先，要不断扩大反腐倡廉宣传教育的覆盖面，尽可能地把关口前移、触角前伸，使正确的权力观、政绩观、价值观树立在拥有权力之前、掌控权力之初、行使权力之先。

（二）拓展“五条渠道”，使反腐倡廉宣传教育更加贴近社会发展

1. 要注重示范教育，坚持以先进典型激励人

示范教育是廉政教育的重要抓手。要注意发现、培养、树立和宣传时代典型，充分发挥其示范导向、激励带动、凝聚感召和鼓舞斗志的作用，引导党员干部净化自身心灵，树立高尚情操。要以理想信念、党性观念方

面的先进典型作示范教育，引导党员干部既要树立正确的世界观、人生观、价值观，又要坚持正确的事业观、工作观、政绩观。要以坚持党的优良传统、勤勤恳恳工作的先进典型作示范教育，使党员干部形成与社会主义核心价值观相一致的行为趋向。近年来，山西省通过大力宣传右玉县干部群众60多年来坚持不懈植树造林、坚韧不拔改善生态、坚定不移谋求发展的典型事迹，推动全省上下积极学习和弘扬以“执政为民、尊重科学、百折不挠、艰苦奋斗”为核心的“右玉精神”，为落实“三保”措施和推进山西转型发展、安全发展、和谐发展提供了强大精神动力。

2. 要突出警示教育，坚持以反面教材告诫人

运用案例进行警示教育是纪检监察机关的一大优势。要积极推进廉政警示教育基地建设，以案施教，以案明纪，搭建反腐倡廉宣传教育的固定阵地和全新平台。要注重将办案优势转化为教育优势，将查办案件与准备“案教”的过程同步推进，做到早策划、早剖析。要注重教育内容的针对性、本土化，通过“用身边的事，教育身边的人”，警示党员干部危机就在眼前、教训就在身边、诱惑就在脚下。

3. 要强化岗位教育，坚持以风险防范约束人

岗位教育是廉政教育的重要阵地。要引导党员干部明确岗位职责，认清权力风险，强化廉政意识，增强抵御风险能力。要把重点领域、关键环节和重要岗位作为重中之重，根据不同的岗位职责和可能发生的腐败风险，从小处入手，因岗施教，不断探索建立岗位廉政风险防范的新机制。要建立健全岗位管理制衡机制，增强约束力和威慑力，不断强化岗位职权运行中的制衡力。2009年，山西省紧密联系山西实际，围绕重点领域、关键环节、重要岗位、工程建设、煤炭资源整合和企业兼并重组，组织全省煤焦领域、工程建设领域的1900余名主要领导干部，分批进行了7次廉政岗位培训，有效杜绝和减少了“工程上马、干部下岗”问题的发生。

4. 要创新跟踪教育，坚持以真情关怀感化人

对受处分的党员干部实行跟踪教育，是廉政教育的重要环节。随着党风廉政建设和反腐败工作的深入开展，如何做好违纪人员的思想教育工作，化消极因素为积极因素，已成为纪检监察机关面临的一个重要课题。在新形势下开展跟踪教育，要强化以人为本理念，在严肃惩治腐败的同时，更加关注查处以后的教育管理，帮助受处分的同志正视错误，调整心态，放下包袱，轻装上阵，继续为党和国家做贡献。要从实际出发，针对违纪人员的思想和心理，把握教育转化的内在规律，教育和引导违纪人员明法纪、辨是非、洗污垢、振精神。要保护违纪人员的政治权利，关心他们的工作和生活，激发他们的工作热情。

5. 要拓展社会教育，坚持以文化内涵影响人

社会教育是廉政教育的文化基础。在利益诉求多元化、价值观念多样化的今天，反腐倡廉教育不仅需要制度的保障，同时也离不开文化的支撑。在新形势下开展社会教育，要拓展领域，整合资源，推动廉政文化深入社会生活各个角落，提高社会成员的廉政认知水准，让廉洁成为一种文化力量，形成以廉为荣、以贪为耻的思想道德价值标准，营造一种讲究诚信、崇尚廉洁、尊重法制的社会环境和良好风气。要善于挖掘和汲取传统文化精华，中国传统优秀文化的深厚积淀，是一个弥足珍贵的思想宝库，为反腐倡廉宣传教育提供了丰厚的资源，我们要以科学的态度进行继承和发扬，使传统文化与当代实际相结合，通过古为今用、借古喻今，使广大党员干部在品味传统文化艺术的同时，不断提升崇廉尚俭的精神境界。

（三）实现“五种转变”，使反腐倡廉宣传教育更加贴近人本理念

1. 宣传教育对象要从群体走向个体

“一把钥匙开一把锁”，每个党员干部的职级岗位不同、生活环境不同、学识程度不同、认知水平不同，反腐倡廉宣传教育必须注重统一要求与个体差异这一矛盾，进一步从群体深入到个体，更加体现不同人员、不同岗位、不同行业的特点。要坚持因事施教，针对党员干部存在的主要问题、苗头性倾向以及症结根源，确定相应的教育重点；坚持因地施教，着力体现地域特色，做到“在什么山头唱什么歌”；坚持因人施教，以科学的方法正确区分教育对象，并把重点集中在关键领域、重要岗位、重点人员身上。

2. 宣传教育内容要从机械走向灵活

宣传教育只有贴近对象、贴近思想、贴近工作、贴近生活，才能让党员干部易于接受。要准确了解和掌握党员干部对党的方针政策、法规纪律以及社会焦点的真

实意见和看法，及时开展思想政治工作，解疑释惑，辨别是非；要坚持“用身边的事、教育身边的人”，通过与受众近在咫尺的正反典型和鲜活事例，使宣传教育真正触及心灵；要充分利用廉政文化这个平台，通过图文并茂、声像并用等灵活形式，将意识形态领域的宣传教育内容形象化、具体化、生动化，使党员干部在潜移默化中形成廉洁从政的价值观念、精神力量和行为准则。

3. 宣传教育方法要从单向走向互动

只有克服表面化、简单化、概念化以及照搬照套、生硬灌输、盲目说教等单向式教育方法，充分发挥党员干部在宣传教育中的能动作用，才能调动大家参与的热情，实现心灵共鸣、精神互动。要采用讨论辨析的方法进行启发式教育，鼓励受众发表不同意见，突出教育的互动性和感召力。要围绕焦点热点问题进行诱导式教育，问题大家摆，是非大家辨，道理大家讲，答案大家找，在明辨是非中形成共识。要坚持寓教于乐进行趣味式教育，运用群众喜闻乐见、易于接受、覆盖面广的形式，让党员干部在看、听、娱、悟中接受教育和熏陶。近年来，山东省潍坊市在进行反腐倡廉宣传教育工作中坚持寓教于乐、双向互动，通过组织基层单位和党员干部自编自演廉政文艺节目，举办红歌廉政文艺晚会汇演；结合反腐倡廉宣传教育重点，组织全市多名领导干部进行党纪条规知识测试；组织市直系统、镇街举办主题演讲、先进事迹报告会、知识竞赛、廉政书画展等活动，在进一步丰富了廉政文化建设活动内容的同时，也取得了良好的教育成效和社会效果。

4. 宣传教育阵地要从传统走向现代

从某种意义上讲，谁掌握了信息，控制了网络，谁就拥有整个世界。新形势下的反腐倡廉宣传教育必须不断适应网络时代的文化生产方式和传播方式，依托现代科学技术构筑的数字化平台，运用新的技术手段扩大宣传教育影响，增强反腐倡廉渗透力。反腐倡廉宣传教育不仅要同互联网相结合，重要的是要借力于QQ、MSN、BBS、电子杂志、博客、播客等现代传播手段，将宣传教育内容同这些新的认识工具、新的交流工具相结合，通过广泛运用新技术成果，不断改革、创新反腐倡廉宣传教育的形式和方法，使之始终走在时代前列。近年来，全国各级各地纪检监察部门相继建立了网站、博客等网络反腐新平台，通过网络新平台及时地报道纪检监察工作的动态，交流成功经验，推荐优秀榜样，揭露反面典型，接受对党员干部的违纪违法问题的举报等，在切实解决问题、积极引导舆论、把握网络宣教主动权方面发挥了重要的作用。

5. 宣传教育体系要从局部走向全面

要按照统筹兼顾、协调推进的要求，积极整合各种宣传教育资源，使之互相协调、同步推进、良性互动。要不断扩大宣传教育的范围，从主要针对党员干部扩大延伸到面向全党全社会，特别是要把工作触角延伸到校园，实现反腐倡廉建设从娃娃抓起，让学生们在演讲赛、读书会、故事会、知识竞赛、学唱歌曲等主题活动中接受廉政文化的熏陶，体会诚信、正直、清廉做人的根本，从小根植尊敬廉洁人物、推崇廉洁行为的情感；

要把各级党组织的教育培训和党员干部的自我教育结合起来，把官方教育与民间教育结合起来，把文化教育与思想政治教育结合起来，形成宣传教育的整体合力；要把廉政文化建设与社会公德、职业道德、家庭美德教育结合起来，与群众性文明和谐创建活动结合起来，推进党风、政风、家风和社会风气建设的健康协调发展。从2005年开始，河南省根据自身的特点，开始了独特的反腐倡廉探索之路——家庭助廉，通过组织“家庭助廉教育演讲团”、家庭助廉教育知识考试、组织干部家属赴监狱进行警示教育等方式开展家庭助廉教育，增强了领导干部及其家属的廉洁意识、助廉意识。领导干部的家属受到深刻教育，廉洁意识大大增强，牢固筑建起抵制腐败的“家庭防火墙”。

（四）健全“五项机制”，使反腐倡廉宣传教育更加与时俱进

1. 要着眼于发挥合力，不断健全协调机制

组织协调反腐败工作是党章赋予纪律检查机关的重要职责。一方面要加强外部协调。与组织、宣传、党校、文化艺术等部门以及新闻媒体定期联系沟通，通报工作情况，研究安排活动，协调解决问题，共同为反腐倡廉宣传教育献策出力。另一方面要搞好内部协调。纪检监察机关除宣教室外，其他部门也承担着一定的宣传教育职能。如案件检查室和案件审理室承担着通过调查、取证、谈话等方式对党员干部进行教育的职能，党风廉政室承担着教育党员干部廉洁自律的职能。为此必须重视内部交流，协调行动，整合资源，提高效率。

2. 要着眼于工作落实，切实完善责任机制

要坚决澄清“反腐倡廉宣传教育是纪检监察机关的事”的模糊认识，真正将其融入党的思想宣传教育工作的总体部署之中。要明确党委是反腐倡廉宣传教育的责任主体，“一把手”负总责；纪委要主动协助党委抓好宣传教育工作任务的分解落实和协调指导；组织部门要把反腐倡廉宣传教育与干部队伍建设结合起来；宣传部门要组织抓好党的路线方针政策和反腐倡廉重大决策部署的宣传教育；妇联组织要积极倡导、广泛开展多种形式的家庭助廉活动；教育、共青团等部门要把廉洁教育作为青少年思想道德教育的重要内容；文化、广播电视、文联等职能部门和人民团体，要支持文艺工作者创作具有较强思想性与艺术性的反腐倡廉文艺作品，积极推动反腐倡廉文艺的繁荣发展。此外新闻媒体既要加强对反腐倡廉先进人物、事迹的正面报道，同时也要加大对违纪违法腐败行为的披露和监督。

3. 要着眼于规范运行，严格执行约束机制

加强和改进反腐倡廉宣传教育，必须严明纪律，体现刚性要求，使之成为每位党员干部的必修课。对无故缺席以及组织不力的相关责任人，要严格问责，严肃处理。山西省运城市在创建警示基地之初，就出台了《关于充分发挥全市各级廉政警示教育基地作用的实施意见》，严格规定：接受教育不准代替、不准带车；对迟到早退和无故不参加者，视情节进行诫勉谈话或责任追究。一年多来，运城市已有4名领导干部因违反纪律被责令接受诫勉谈话；1名领导干部在参与镇长选任时被“一票否决”；2个单位被通报批评。通过严明纪律约束机制，保证了宣传教育的有序、规范运行。

4. 要着眼于奖优罚劣，认真落实考评机制

探索完善反腐倡廉宣传教育目标管理和考评办法，进一步把宣传教育的目标要求予以量化细化，使之由“软任务”变成“硬指标”。要对宣传教育进行经常性的严格考核，纳入党风廉政建设责任制考核和精神文明建设考核的范畴，考核结果作为干部培养、选拔、管理和奖惩的重要依据。通过严格考核，进一步提高各单位特别是领导干部对反腐倡廉宣传教育的重视程度，以保证宣传教育的质量和效果。

5. 要着眼于持久推进，全面建立保障机制

要切实建立经费保障机制，勿庸讳言，在市场经济条件下，反腐倡廉宣传教育工作的开展需要一定的经费作保证，必须将这部分经费纳入财政预算，保持并适时增加宣传教育的财政投入。要不断完善督查制度，对重视程度高、工作有创新、实际效果好的给予表彰奖励，反之要进行通报批评直至追究相关领导责任。要大力发展人才培养机制，通过举办各级各类教育培训班，不断增强宣教干部的政治素质和业务能力，为反腐倡廉宣传教育的可持续发展提供人才和智力保障。

【参考文献】

[1] 金道铭：《加强和改进新形势下廉洁从政教育》，《求是》杂志，2010年2月。

[2] 李本刚主编：《建立健全教育、制度、监督并

重的惩治和预防腐败体系实施纲要教程》，中国方正出版社，2007年版。

[3] 张利生：《廉政文化建设要论》，中国方正出版社，2007年版。

[4] 李雪慧、王治国：《清风正气满乾坤》，人民出版社，2008年2月版。

[5] 中央纪委宣传教育室：《反腐时评》，中国方正出版社，2006年4月版。

[6] 邵景均：《廉政课堂三十讲》，中国方正出版社，2009年8月版。

（运城市纪委监察局、山西省煤炭运销总公司联合课题组）

课题组组长：赵建平

课题执笔人：薛帅军、杨　谦

分报告之四

新形势下深入推进廉政文化建设的路径选择

廉政文化建设是建设中国特色社会主义文化的重要组成部分，是党中央深入推进党风廉政建设和反腐败斗争，营造清正廉洁社会氛围，促进广大党员干部廉洁从政的重大战略决策。从2005年《建立健全教育、制度、监督并重的惩治和预防腐败体系实施纲要》中“大力加强廉政文化建设”的明确提出，到强调以“加强廉政文化建设，形成拒腐防变教育长效机制”写入十七大报告，表明党对廉政文化建设的认识不断达到新的高度，廉政文化成为深化党风廉政建设和反腐败工作的一项重要治本之策。在多年的反腐倡廉实践中，廉政文化建设不断开拓创新，取得了社会大众认同的阶段性成果。但社会在发展，时代在变迁，党的自身建设经受着改革开放与市场经济条件下提高执政能力、巩固执政地位和拒腐防变的严峻考验，廉政文化建设也在与腐败文化、腐败现象作斗争中不断面临新课题、新挑战。因此，在新形势下，大力加强廉政文化建设，筑牢拒腐防变的思想长城，对于巩固党的执政地位，深入推进反腐倡廉工作，加快建立健全惩治和预防腐败体系，具有重要的基础作用和社会功能。

一、认清形势，提高认识，深刻理解廉政文化建设的重要意义

廉政文化发展历史悠久，在古今中外都有廉政文化的积淀和传承，其内涵在历史传承中不断充实和丰富。从本质特征来看，廉政文化是一种以廉政为核心的先进社会文化，是人们围绕廉政行为和现象而形成的价值观念、思想认识、道德判断以及与之相适应的行为规范和社会评价的总和。社会主义廉政文化是建立在社会主义制度基础上，吸纳传统文化中廉洁、民本思想，以培育立党为公、执政为民的理想信念为宗旨，以倡导廉洁奉公、弘扬清风正气为内容，以巩固党的执政地位为目的的先进文化。廉政文化是社会文明和政治文明的重要体现。历史经验告诉我们：维护社会的稳定和繁荣，反腐倡廉建设必不可少，廉政文化发挥着从源头上防治腐败的重要功能。认清社会发展形势，结合时代发展特征，积极进行廉政文化建设，是我国深入推进反腐倡廉建设的必然选择，更是落实科学发展观、创建社会主义和谐文化的内在要求。

（一）加强廉政文化建设是贯彻落实科学发展观的必然要求

科学发展观是我国经济社会发展的重要指导方针，是发展中国特色社会主义必须坚持和贯彻的重大战略思想。廉政文化建设作为反腐倡廉从源头上防治腐败的重要载体，以创建廉政社会氛围的文化形式来开展党风廉政建设和反腐败工作，是贯彻落实科学发展观的题中应

有之义。

以科学发展观指导廉政文化建设，必须建立廉政文化建设的长效机制。廉政文化建设是一项长期、艰巨的战略任务，不可能一蹴而就，需要常抓不懈、逐步推进和不断探索。科学发展观是坚持以人为本，树立全面、协调、可持续的发展观，促进社会和人的全面发展。它是我们党指导发展世界观和方法论的集中体现，是推进社会主义现代化建设必须长期坚持的指导思想。廉政文化建设绝不能满足于在一定阶段开展轰轰烈烈的活动而已，而是要着眼长远，着眼于从机制、制度、管理等方面解决廉政文化深层次的问题，不断巩固和扩大廉政文化建设的成效。要持之以恒、常抓不懈，始终用先进的理论指导廉政文化建设，不断创新廉政文化建设的方式方法，建立廉政文化建设的长效机制，发挥廉政文化的反腐功效，是贯彻落实科学发展观的必然要求。

以科学发展观指导廉政文化建设，必须坚持以人为本。以人为本，是科学发展观的核心，一切发展都必须以人为出发点。无论是经济发展，还是文化和社会发展，都首先要有一个发展的出发点问题。廉政文化建设的核心价值是“为民”“务实”、“清廉”，其内涵、特征与以人为本是紧密相连的。在廉政文化建设中，必须坚持以人为本的思想，准确把握廉政文化的内涵本质特征，才有助于我们揭示其内在含义，让人民群众自觉参与到廉政文化建设之中，推动廉政文化的蓬勃发展。廉政文化建设是从源头上防治腐败的重要途径，也是贯彻落实科学发展观的根本保障。

（二）加强廉政文化建设是构建和谐社会的重要举措

和谐社会是全面系统的和谐，是社会系统中各组成部分、各种因素处于融洽协调的最佳状态。而廉政文化正是要倡导执政为民、廉洁奉公的社会风尚，是要激浊扬清，创造公平正义的政治文明，是要以文化的形式与腐败现象、腐败文化作斗争，消除、化解阻滞社会发展的不和谐因素，促使社会和谐有序健康发展。

社会公平正义是廉政文化的最高理想信念，更是社会主义和谐社会的价值追求，廉政文化的理念追求与和谐社会的基本价值取向相契合。执政者只有以廉政清明的思想为统领，切实维护社会的公平正义，才能够构建和谐的社会。在我国历史上出现过许多诸如“文景之治”、“贞观之治”、“康乾盛世”的“太平盛世”、“政通人和”社会和谐繁荣景象，其重要原因在于，封建统治者执掌国家政权时倡导和贯彻了“以廉为本”、“政治清明”的思想。社会主义和谐社会是公平正义的社会，是民主法治的社会。腐败问题实质上就是损害国家和人民的根本利益，破坏社会的公平正义。维护社会公平正义，构建和谐社会，必须不断创新反腐倡廉方式方法，发挥廉政文化的教育、引导功能，促使广大党员特别是领导干部树立马克思主义世界观、人生观、价值观和正确的权力观、地位观、利益观。

廉政文化建设在构建和谐社会进程中不可缺失。廉政文化建设与社会主义和谐社会所包涵的政治建设、经济建设、文化建设、社会建设都有密不可分的关系。廉政文化建设是创建政治文明所必须实行的重要举措，它能为经济建设保驾护航，能促进文化事业的大发展、大繁荣，能使社会建设有序健康发展。加强廉政文化建设，用健康向上的文化教育引导干部群众，不仅可以营造崇尚廉洁的社会氛围，促进党群干群关系和社会各方面关系的和谐，而且可以规范党员干部从政行为，引导领导干部提高廉洁自律意识，切实维护好人民群众的利益，纠正损害群众利益的不正之风，从源头上减少群体性事件发生，维护社会安定，促进社会和谐发展。同时，加强廉政文化建设，还有利于积极引导社会利益整合机制，形成资源分配公平、群众利益均衡、人际关系协调的公平正义社会，促进社会的和谐有序发展。

（三）加强廉政文化建设是加强新时期反腐倡廉工作的基础任务

反腐倡廉建设的不断深入使人们逐渐认识到，腐败现象的滋生蔓延不仅仅是一种社会历史的政治现象、政治行为，而且是一种思想文化现象、思想文化行为。反腐倡廉建设要深化，就必须从政治经济领域推向社会文化领域，由治表到治根，由侧重遏制到惩防并重再到预防为主，充分体现了廉政文化建设的重要性。廉政文化以廉洁为荣的浓厚氛围，给腐败行为以抨击和批判，并给其造成巨大的社会舆论和社会心理压力，从而有效地遏制和预防腐败，达到干部廉洁、政治清明的目的。加强廉政文化建设是新时期抓好反腐倡廉工作的内在要求和基本任务。

廉政文化建设为反腐倡廉建设营造了良好的社会氛

围。关于新时期反腐倡廉建设科学化的探讨，更多的专家学者强调制度反腐、监督反腐，强调以法治理腐败。但推进制度反腐的同时，还必须以廉政文化建设为基础营造良好的社会环境，软文化与硬制度相结合才能产生强力反腐效果。否则，缺失了文化基础和氛围的廉政制度和措施，也必然会降低其整体实施效能。当前我国反腐倡廉建设的任务艰巨，廉政文化建设相对滞后是原因之一。正是由于廉政文化建设起步较晚，才有了腐败文化滋生的土壤，降低了人们对腐败的免疫力、抵抗力，提高了腐败容忍度，推波助澜了腐败案件的易发多发高发。多年的反腐败实践证明，光有制度还不行，还必须要有文化支撑来提高制度的执行力。因此，推进反腐倡廉建设必须发挥好廉政文化建设阵地的基础作用。

营造廉洁的社会氛围只是廉政文化建设的一种外在表现形式，其根本目的是要把廉政理念渗透到每一个公职人员的内心深处，使其真正做到不愿腐、不想腐。改革开放以来，由于受西方自由主义思想文化的侵蚀，以及市场经济的冲击，许多党员干部出现了理想信念动摇，对马克思主义信仰不坚定，对中国特色社会主义缺乏信心，党的宗旨意识软化，一些党员干部甚至运用人民赋予的权力中饱私囊、损公肥私，一些领导干部特别是高级干部中发生的腐败案件影响极其恶劣。这些问题都严重地削弱着党的先进性、凝聚力、执政能力和政府的公信力。廉政文化建设就是用文化的力量、用文化的影响来推动党风廉政建设，为加强党风廉政建设提供一个强大的信仰支撑、精神动力和思想保证。

二、总结经验、查找问题、正确看待廉政文化建设的现状

加强廉政文化建设，是党的建设的重要组成部分，是认真贯彻落实党的十七届四中全会精神、十七届中央纪委五次全会精神的重要举措。全国各地在廉政文化的工作内容、传播途径、传播方式等方面，以与时俱进的精神和求真务实的作风，不断推动廉政文化建设向前发展。廉政文化建设多年的工作实践既取得了突出成效，也暴露出一些问题，对经验与问题的总结有助于我们进一步推进廉政文化建设的深入开展。

（一）廉政文化建设取得的成效和经验

1. 廉政文化建设取得的成效

全国各地坚持因地制宜，积极挖掘资源，创新载体，大力开展丰富多彩的廉政文化创建活动，增强了廉政文化的吸引力、感染力、亲和力和渗透力，取得了良好的成效。

廉政文化建设形式多样，增强了廉政教育的感染力。各地坚持面向社会的原则，运用漫画、格言警句、书法、戏剧、歌舞、曲艺等多种形式，开展丰富多样的廉政文化创建活动，将“尊廉崇洁”这一主题诠释得深入浅出、雅俗共赏，产生了良好的社会效果。课题组在调研中了解到，一些基层采取不同形式不断推进廉政文化建设。如组织“廉政文化论坛”，邀请相关专家与党政领导共聚一堂，探讨廉政文化建设的各项议题；编辑出版廉政文化系列丛书，组织群众创作廉政歌曲、廉政漫画、廉政文艺作品，打造出一批群众喜闻乐见的廉

政文化艺术品牌。

廉政文化“六进”扎实推进，扩大了廉政教育的覆盖面。廉政文化“六进”活动中，各地立足实际，根据不同受众的特点和文化需求，明确各个层次廉政文化建设不同的主题和内涵，有针对性地确定主题，并广泛开展丰富多彩的实践活动，积极推动廉政文化进机关、社区、家庭、学校、企业和农村。如太原市积极开展廉政文化“六进”活动，将“六进”的主题确定为：开展“立党为公、执政为民”主题活动，廉政文化进了机关；开展“清廉勤俭、健康文明”主题活动，廉政文化进了家庭；开展“构建和谐社区、创建文明家园”主题活动，廉政文化进了社区；开展“敬廉崇洁、诚信守法”主题活动，廉政文化进了学校；开展“诚信廉洁、依法经营”主题活动，廉政文化进了企业；开展“营造文明乡风、建设社会主义新农村”主题活动，廉政文化进了农村。内蒙古林西县则将廉政文化“六进”的主题分别确定为：以“为民、务实、清廉”为进机关的主题；以“文明、和谐、崇廉”为进社区的主题；以“知荣、明耻、爱廉”为进校园的主题；以“温馨、平安、助廉”为进家庭的主题；以“诚信、守法、尊廉”为进企业的主题；以“创业、民主、尚廉”为进农村的主题。

廉政教育突出重点，进一步增强了针对性。在廉政教育普及中，各地注重因人而异，根据不同受众的特点和文化需求，采取灵活多样的方式开展廉政文化教育和普及活动，形成了廉政文化建设的良好社会氛围。一是坚持以领导干部为重点，以树立马克思主义的世界观、人生观、价值观和正确的权力观、地位观、利益观为核心，以保持共产党员先进性教育、党章学习、社会主义荣辱观教育、作风建设、廉政准则教育等为主要内容，深入开展各种学习活动，引导领导干部修德律己。二是针对领导干部的家属和子女，广泛开展“廉内助”和“小手牵大手”活动，着力培育领导干部清正廉洁家风，以促进社会风气好转。三是积极组织廉政知识竞答、廉政书画摄影比赛、廉政版面巡回展、地方戏剧表演等各类群众性文化活动，使广大群众在文化活动中接受廉洁的熏陶和教育，提升思想境界。

廉政文化建设载体创新，进一步巩固了阵地。各地充分运用现代传媒的各种载体，发挥廉政文化的教育、激励和导向作用，扩大廉政文化的覆盖面和影响力，形成全社会对廉政文化的认同。一是在办刊上开辟廉政专栏，如《太行日报》开辟的《廉政聚焦》专版，邀请党员干部撰写廉政评论文章，聘请专业人士担任廉政特约评论员，定期发表廉政评论，针砭时弊，引导舆论。二是运用广播电视媒体，设立廉政节目。如晋城市广播电台《百姓热线 · 纠风台》节目开办近 6 年来，共播出 2200 多期，接听热线 7800 多次，举办与百姓面对面大型户外现场直播 6 次，为群众解决实际问题 11800 多件。其中的专题节目“阳光工程”启动以来，共成功播出 32 期，有 30 多个政府职能部门领导走进直播间，与百姓对话、交流、答复、落实问题，共为百姓落实解决实际问题 300 多件，成为了群众反映问题的直通车。

晋城电视台《行风大家谈》栏目创办3年多来，播出82期，为百姓解决实际问题6000多个，有3万多群众参与了节目。三是利用互联网作为廉政文化建设的新型载体，为廉政文化建设创建网络平台，如晋城市的“明镜网”、潍坊的“党风廉政网”、宁波的“东方廉政网”等等。

2. 廉政文化建设取得的经验

讲反腐倡廉工作呈现良好发展态势，一个重要因素就是我们党在长期的反腐倡廉实践中勇于探索，善于总结，形成了一些认识，实现了理论上的提升。改革开放30年来，我们党不断探索有效的反腐倡廉的新路子，不断积累宝贵的经验，走出了一条中国特色的反腐倡廉道路。

建立机制，以无形之手推动廉政文化建设不断深入开展。廉政文化建设重在建设，而搞好建设的关键在于有一个好的工作机制。基于这种认识，为了更好地整合资源，充分发挥廉政文化建设成员单位的职能作用，密切部门之间配合协作，确保各项工作落到实处，深入推进廉政文化建设，各地纷纷建立了廉政文化建设联席会议制度，以制度不断推动廉政文化建设的深入开展。河北省的廉政文化建设联席会议制度始建于2006年，2009年12月，中央六部委印发《关于加强廉政文化建设的意见》后，围绕落实《意见》河北省及时调整了省廉政文化建设联席会议成员单位，并通过联席会议进一步明确了加强廉政文化建设的指导思想、基本原则和主要任务。各成员单位分别就自身所承担的廉政文化建设任务制定了具体的工作要点，提出了29项具体工作，作为2010年的主要任务，并逐项落实到责任单位。

营造氛围，在结合、融入中彰显廉政文化的影响力。廉政文化只有渗透到社会的方方面面，才能营造出全社会反腐倡廉的浓厚氛围。为此，各地纷纷以社会主义核心价值体系为主导，将廉政文化建设同社会公德、职业道德、家庭美德、个人品德教育和法制教育相结合，将廉政文化建设同地区文化特色相结合，将地方特色文化融入廉政文化建设，进一步提升廉政文化的艺术性、感染力与亲和力，精心打造了一批融思想性、艺术性、观赏性于一体的廉政文化精品节目。如泰州市围绕地方名人郑板桥，充分挖掘郑板桥清廉、正直、爱民如子、嫉恶如仇等精神内涵，强化反腐倡廉宣传，推动廉政文化建设，打造了“清风”、“板桥新韵”、“板桥嫁女”等系列节目，取得了良好的社会效果。

与时俱进，以探索创新保证廉政文化建设的勃勃生机。紧密结合实际，坚持与时俱进，不断赋予廉政文化新的内容和形式是廉政文化建设永葆生机的根本。如今，以创新推动廉政文化建设已经成为全国各地的共同行动。如，太原市每年举行一次廉政文化论坛，就廉政文化建设的理论前沿问题与工作实践中出现的问题进行探讨，从而为廉政文化建设注入新的活力；承德市依托广播电视报创办《廉政文摘》将廉政教育的视角延伸到千家万户；晋城市在全市范围内构建起市、县、乡、村四级联动的立体式“廉政学校”实现了廉政教育的制度化、规范化和经常化。

（二）当前廉政文化建设中存在的问题和原因分析

1. 当前廉政文化建设中存在的问题

廉政文化作为廉政建设领域的新生事物和新型文化现象，其发展规律不可能在短短几年内完全为人们所掌握，其工作实践也不可能在短时期内走向成熟，必然有一个长期的认识、探索和完善过程。山西省各地通过几年的实践探索，使廉政文化这一概念逐渐为社会各界广泛接受，廉政文化建设工作得到广泛开展，但实践中廉政文化建设存在的一些问题也日益显露，必须引起高度重视和关注。

（1）制度建设的滞后制约廉政文化的深度

廉政文化作为上层建筑中的意识形态，要得到长远发展，是需要上层建筑中的制度形态为其作支撑的。目前，廉政文化在制度建设上存在两方面问题：第一，从总体上看，由于理解上的偏差，廉政文化建设在实践过程中，表现形式更多的侧重于文化层面，而对制度、体制上的设计和安排缺乏系统性，不够健全和完善，刚性约束不强，超前探索不够，制度建设显得相对滞后，这与时代呼唤廉政文化建设的要求和反腐倡廉的形势极不适应。在课题组的调查中，44%的被访者表示反腐倡廉工作效果不明显的根本原因就在于相关的制度不健全、不科学。制度建设的滞后则主要表现在廉政文化建设的激励和惩戒机制、长效机制、保障措施等方面研究得不深，可操作性不强，存在明显缺陷。第二，从工作实践上看，廉政文化建设的测评体系还不完善。文化属于意识形态的领域，廉政文化的效果主要反映在认识的主观方面，所以对廉政文化建设的实际效果的评测还无法做到完全客观。但是可以肯定，如果不进行效果测评，那么廉政文化建设的意义就难以被证明，这项工作也就难以长期开展下去。廉政文化属于心理和思想层面的工作，这项工作所推广的理念能否真正被公职人员所接受，并成为其思想意识的一部分，决定着廉政文化建设的实际效果。目前对廉政文化建设结果的测评大多停留在布置的工作完成与否的层面，而对廉政文化是否发生效果却缺乏客观的考核评价。为了避免廉政文化建设流于形式主义，必须设法尽可能客观地评价这项工作的实际效果。只有通过对廉政文化建设活动的成果加以考评和测评结果的“刚性”运用，才能将这项工作深入持久地开展好，也才能达到开展廉政文化建设的真正目的。

（2）主体错位影响廉政文化建设的力度

廉政文化作为典型的公共产品，显然地方党委和政府理应成为廉政文化建设的主体，纪检监察机关承担的是组织协调的职责，其主从关系毋庸质疑。但在工作实践中，一些地方的廉政文化建设存在着“单边突进”问题，即有些地方的党委和政府未将廉政文化建设作为学习实践科学发展观，建设社会主义先进文化与主流价值观的重要组成部分纳入工作议程统筹考虑安排，也没有承担起廉政文化建设的主体责任。本应承担牵头协调职责的纪检监察机关却变成了廉政文化建设的具体承担者与主要推动者，从而造成廉政文化建设主体错位的现象。廉政文化建设是一项全局性的工作，纪检监察机关则是有具体职能分工的机构，以部门驱动全局，显然在工作的力度上会心有余而力不足。课题组的调查也证明，52%的被访者认为纪检监察机构缺乏权威是导致廉政文化建设不理想的一个主要因素。另一方面，这也造成党委与政府的其他部门片面理解，认为廉政文化建设是纪检监察机关的事情，与自己无关，不愿意配合，不主动参与，严重影响了廉政文化建设工作力度。

（3）工作对象重点不突出影响廉政文化建设的宽度

廉政文化建设应当面向社会，应当走进千家万户，但这绝不意味着社会公众是廉政文化建设的重点对象。自提出“廉政文化”这一概念后，各地在多年的廉政文化建设实践中，过多地注重廉政文化进社区、进家庭、进学校、进企业、进农村，注重廉政文化的社会氛围，而忽视了廉政文化进机关，忽视和淡忘了党政干部这一重点群体，警示教育、廉政谈话等的作用正在被弱化，取而代之的是一些面向全体社会公众的各类廉政文艺演出和廉政景观。尽管这些廉政文化活动和景观对于营造廉政文化建设的良好社会氛围是非常必要和有益的，但却难以使党政干部在思想上有很大的触动。

（4）形式单一影响廉政文化建设的广度

廉政文化在载体上，过分依赖于学习班、文艺演出、景观等载体，以致使人们一听说廉政文化建设就想到廉政文艺汇演和廉政景观建设。而在廉政文艺汇演和廉政景观设计中，由于内容单薄，质量不高，特别是文化和艺术味不浓，真正的艺术精品不多，难以真正打动人。在廉政文化活动组织上，没有很好地整合社会资源，在一些地方由纪检监察机关挑大梁，文化、宣传等长于文化宣传的部门则很少参与其中，这既减弱了廉政文化建设的推动力量，也不利于廉政文化在更广阔的范围内发挥作用。在推动方式上，多由纪检监察机关自上而下推动，真正由干部、群众等社会各方共同参与互动的很少，既不利于调动社会各方力量、为廉政文化建设奠定坚实的社会基础，也不利于推动廉政文化走向全社会、持久健康发展。

2. 存在问题的原因分析

分析廉政文化建设中存在的种种问题，既有认识和动机上的原因，也有工作经验的缺乏、对廉政文化建设规律认识不深的因素，还有社会价值观的不确定性使然。总之，是诸多原因合力的结果，归纳起来可从人的角度、社会的角度与工作实践的角度分析廉政文化建设出现问题的原因。

（1）对廉政文化建设的科学规律把握不够准确

马克思主义经典理论告诉我们，经济基础决定上层建筑，上层建筑要适应经济基础的变化与发展。廉政文化建设同样要遵循廉政文化发展变化的规律。廉政文化建设实践中出现偏差，一个重要原因在于对廉政文化发展规律把握不准。如，面对廉政文化这项全新的工作，如何妥善处理好立足当前与着眼长远的关系，既扎扎实实做好当前廉政文化建设各项工作，又从长远和全局的高度进行整体谋划；面对人们思想和文化需求多元化的发展趋势，如何处理好继承与创新的关系，在坚持传统教育中好做法、好经验的同时，不断创新思路和工作方法，找到适合当前形势、满足不同阶层群体需要的廉政文化建设路径；面对各个层面教育对象的不同要求，如何处理好重点与一般的关系，既抓住党政干部这个重点，又兼顾全面，推进廉政文化走向全社会；面对廉政文化与腐败文化的较量，如何处理好宣传导向上倡导廉政与鞭笞腐败的关系，既积极宣传廉政、诚信、正直等价值观念，又旗帜鲜明地反对腐败、奢侈、贪婪、虚伪等腐败文化；面对社会公众参与积极性不高的局面，如何处理好党委、政府主导与社会公众互动的关系，既充分整合党委、政府各部门力量，又广泛发动社会公众参与。总之，对于方方面面的关系，对于廉政文化作为文化所固有的规律和特质，目前还缺乏系统通盘考虑，从而直接影响了廉政文化建设的科学性和有效性。

（2）对廉政文化建设的重要性认识不足

思想是行动的先导。廉政文化建设的力度、深度、广度首先依赖于各级党委、政府及广大人民群众对其重要的认识，对廉政文化建设重要性认识不足自然会影响到廉政文化建设的科学健康发展。而在工作实践中，也确实存在这方面的问题：首先是部分领导干部对廉政文化建设的重要性认识不足。一些地方廉政文化建设中出现的长远规划缺失、主体错位、保障措施不力等问题，关键在于当地的领导干部并未在思想上真正引起重视，对抓廉政文化建设的紧迫性、必要性认识不足。在课题组的走访中，不只一位纪检干部向课题组指出“廉政文化要见实效，离不开主要领导干部的支持”，“廉政文化这项工作，关键看领导重视不重视”，“我们廉政文化搞得好和领导支持是分不开的……”。[①] 课题组的问卷调查显示有48%的人认识不到廉政文化建设对反腐倡廉的重要意义，对于这些党政干部而言，廉政文化建设难以直接产生效益，比不上招商引资等经济工作见效快、来得实、易出政绩，因而缺乏廉政文化建设的热情。同时，一些党政领导干部还错误地认为廉政文化建设就是廉政教育的翻版，当然是纪检监察机关的份内事，与党委、政府无关，与其他部门更无必然联系。提供目前的经费、人员保障已是对廉政文化建设最大的支持，没有必要再浪费更多的财力、物力和人力。由于上述错误认识的存在，导致纪检监察机关在开展廉政文化建设中举步维艰、困难重重，阻碍了廉政文化的持续健康发展，影响了廉政文化建设的效果。其次是大众对廉政文化建设重要性的认识还有待加强。当前从理论层面而言，廉政文化建设与组织文化、政治文化、行政伦理的联系和定位模糊，廉政文化建设如何体现政治文化、行政伦理的内涵和特征这方面的研究非常薄弱，廉政文化建设倡导的价值观在国民价值体系中的地位和关系没有明确。从实践层面，现有的研究很少基于对现实的廉政文化现状进行调查，很少对应该建设的廉政文化进行结构分析，因而廉政文化建设的目标或者是不明确的，或者是只具价值合理性，而缺乏现实可行的落实途径。因此，相关研究的滞后，使大众对廉政文化建设的认识

---

① 访谈记录编号：LIU/JJINGCHENG/20100420PM/LI、HOU、LIU/01。

不够深入，这将可能会导致廉政文化建设由于不能得到广泛的社会认同而缺乏效力。

（3）廉政文化建设缺乏一个良好的社会环境

当前，中国的经济转型与社会转型已进入一个特殊时期，转型社会带来了经济高速增长，同时也带来了利益分化，从而衍生出不少社会问题，[①]这既是社会转型发展的必然，也为廉政文化建设带来阻碍。从社会宏观环境来看，经济转型与社会转型的不同步，在客观上影响了廉政文化建设的成效。在加快发展物质文明的同时，精神文明、社会文明和政治文明必须及时跟进，达到协调统一。廉政文化作为民主政治建设的重要内容，发展好了，也可以促进物质文明的健康发展。在实践中由于没有全面辩证地把握这一关系，把主要精力放在发展经济上，而忽视了廉政文化建设，造成廉政文化建设的缺位和弱化，这种主体的缺失从根本上制约了廉政文化的繁育和成长。从微观的个人生活环境来看，“人情”社会抵消廉政文化建设的成效。从古至今，中国历来是一个人情盛行的社会，是一个在各类人情中又特别重视“差序格局”的社会。凡事被人情所困扰的结果，往往是“便宜行事”，“情大于法”，这对廉政文化的建设造成相当的消极影响。费孝通对此曾有精彩的论述：“我见过不少痛骂贪污的朋友，遇到他的父亲贪污时，不但不骂，而且代他讳隐。等到自己贪污时，还可以用‘能干’两字来自解。这在‘差序社会’里可以

① 蒙荫莉：《转型社会中矛盾凸现的成因与对策》，《佛山日报》，2006年8月9日，B3版。

不觉得是矛盾。因为在这种社会中，一切普遍的标准并不发生作用，一定要问清了对象是谁，和自己有什么关系之后，才能决定拿出什么标准来。”①“人情”成为许多官员们放弃廉政文化、做出违纪行为的发酵剂或催化剂。

（4）片面政绩观导致廉政文化建设出现偏差

近年来，在一些地方片面的干部任用和工作考核导向的引导下，“创新”、“政绩”成为一些干部，尤其是党政领导干部追逐的热点，这一风气也影响到廉政文化建设。随着廉政文化这一概念使用频率增高，个别干部尤其是领导干部“炒作”、“刮风”的冲动也慢慢被激发出来。廉政文化建设与查案、纠风等廉政建设的其他工作相比，更容易产生影响，又不会产生大的负面效果，也不会得罪什么人。上级领导如此重视，媒体如此关注，只要活动策划得够大、够有声势，自然不难“扬名”，不难出“政绩”。因此，只重声势、不重效果等形式主义的影子在廉政文化建设中仍然可以看到。在许多情况下，廉政文化建设变成了一种花架子，没有人公开反对，但也没有多少人去认真实践，结果不仅劳民伤财，而且还影响了社会公众对党和政府的信任。

（5）廉政文化建设的长效机制尚未完善

廉政文化作为一种文化形态，为了防止以浮躁的心态和“短、平、快”的行为抓廉政建设工作，必须建立科学的运行机制，才能推动廉政文化的健康持续发

① 费孝通著：《乡土中国》，北京出版社，2005 年版。

展。目前，廉政文化建设的长效机制尚未完善，已影响到廉政文化建设的整体进程：在组织领导机制上，主要以纪检监察机关为主，没有纪检监察机关的牵头，其他部门很少主动抓廉政文化建设，既是抓，也是突击一阵应付检查等。在分工协作机制上，文化部门还没有真正把廉政文化建设作为工作的重要方向。廉政文化建设的操作机制上，包括资源整合机制、条件保障机制、考核评价机制等在内的一系列机制还不完善，导致廉政文化建设不能持久深入。

三、立足实际，改革创新，深入挖掘廉政文化建设的路径

加强廉政文化建设，是以胡锦涛同志为总书记的党中央在领导党风廉政建设和反腐败斗争上的一个重要创新，是新时期党风廉政建设和反腐败斗争的一项重大任务，也是一个理论研究与实践探索相结合的崭新课题，需要举全党全社会之力，以宽广的视野、辩证的思维和大胆的实践，不断探索、不断创新、不断发展。

（一）要注重廉政文化理论的研究

理论是行动的指南。正确的行动源于正确的认识，廉政文化建设不仅是个实践问题，也是一个理论问题，只有在理论上有所突破，才能在实践中有所发展。同时，廉政文化建设还具有动态发展性。我们不仅要注重廉政文化建设理论体系的研究，提高廉政文化建设的“理论”含量；更要密切关注和研究廉政文化建设过程中出现的新动向、新特点和新误区，不断为廉政文化建设注入新鲜血液。廉政文化建设是可持续发展的文化体

系，要坚持长远与当前相结合。从长远看，要在加快廉政文化研究人才培养步伐、加强廉政文化的学科建设、构建廉政文化体系等方面下工夫。从当前廉政文化建设进程中存在的问题看，还必须在廉政文化的基础理论以及应用研究上下工夫。

深入研究廉政文化的内涵和外延。廉政文化是不断发展的，新时期对廉政文化赋予了新的内涵。关于廉政文化的内涵，目前普遍认同的比较权威的解释是："廉政文化是关于人们对廉政的意识、行为规范、信仰和与之相适应的生活方式、社会评价的总和，是以廉政为思想内涵、以文化为表现形式的一种文化，是廉政建设与文化建设相结合的产物。"① 即廉政建设需要以文化为载体，文化建设应该包含廉政内容，廉政与文化相辅相成，不可或缺。我们不仅要理解廉政文化的深刻内涵，同时还要不断拓展它的外延。将其与廉洁的政治文化、社会文化、职业文化、组织文化等相结合，形成一个集精神、物质和制度为一体的廉政文化理论体系，从而为科学地、系统地开展廉政文化建设的实践工作提供理论依据。

积极寻求廉政文化与社会文化的结合点。廉政文化是廉政特殊性与文化普遍性的有机统一。只有把廉政文化与社会文化相结合，才能显示其大众化和通俗化的特性，才能被大众普遍接受和认可。目前，我国党风廉政建设和反腐败斗争表现的文化含量，与反腐败斗争深层

---

① 王文升主编：《廉政文化论》，中国方正出版社，2009 年 5 月版，第 3 页。

次要求、与廉政文化建设体系的要求、与人们的期望值相比，还存在一定差距。当前，廉政文化建设更多的是在“廉”和“政”上做文章，而“文化”含量相对少一些。具体表现在实践工作中，常常会出现只注重形式，忽略了文化的精神实质和精髓。因此，在廉政文化的构建中还需不断增强“文化”含量。首先要注重从世界优秀廉政文化中汲取营养，从中国传统文化中挖掘廉政文化资源，使其成为一种无形的、潜在的力量而在廉政文化建设中发挥独特作用；其次要立足实际，注重将廉政文化建设与本土文化特点相结合，找准切入点和结合点，使其突出地域“文化”特色，体现“文化”底蕴。课题组在调研中看到一些地方把廉政文化与红色文化相结合、与旅游文化相结合，通过事迹陈列、现场讲解等形式，向参观者进行宣传，使当地的廉政文化广为传播，取得了良好的社会效果；同时，还要善于发扬和发挥群众的首创精神和作用，善于从广大群众的创造经验中汲取理论研究的营养，从而提高廉政文化的吸引力。

深入研究廉政文化与廉政教育的内在联系。我们在调研中发现，大多数群众认为廉政文化建设的指向是掌握公权力的党政干部和公职人员，重点是预防权力腐败。基层在实际工作中也是以廉政教育代替廉政文化。这种认识和做法实际上曲解了廉政文化的本质含义，也导致基层廉政文化建设穷尽了所有的方式方法，效果却不很明显，甚至长期处于疲软状态。导致上述认识偏颇和困惑的一个重要原因，就在于混淆了廉政教育和廉政文化的关系。廉政教育和廉政文化是两个不同的范畴，廉政教育的指向是党政干部和公职人员，通过教育来启发国家公职人员廉政意识，使这部分群体不想腐败、不愿腐败，如果廉政教育指向出现错误，就会导致领导有病，百姓吃药的现象；廉政文化建设的指向是社会公众（当然也包含作为普通公民的党政干部和公职人员），通过文化建设形成对廉政行为的普遍认同和社会评价，创造一种社会氛围和压力机制，使权力使用者不能腐败、不敢腐败。如果廉政文化建设指向偏差，就会曲高和寡，难以产生良好的社会效应。从这个角度理解，廉政文化比廉政教育所包含的外延及涵盖的范围更广。

深入剖析廉政文化与腐败文化的潜在关系。从哲学的观点看，一个事物的存在总有它的对立面。同样，廉洁的对立面就是腐败，它们犹如一对天生的“孪生兄弟”，存在着天然的、内在的紧密联系。当腐败发展到比较严重的程度时，不仅腐败问题本身成为一种普遍的社会现象，而且还会形成一种社会风气，甚至成为一种文化、一种人文理念，这就是所谓的“腐败文化”。[①] 可以说：正是由于腐败的发生，才使人们认识到廉洁的重要性；正是因为腐败文化的泛滥，才使人们认识到廉政文化建设的重要性和迫切性。反腐败斗争的一个重要方面，就是廉政文化与腐败文化的动态博弈过程。要反对腐败，就必须反对腐败文化；要铲除腐败，就必须铲除滋生腐败的文化根基。不针对腐败文化的廉政文化建

① 贾桂梓主编：《聚焦廉政文化》，山西人民出版社，2006 年 6 月版，第 60 页。

设只能是空中楼阁、无的放矢。因此，要真正科学地认识廉政文化，除了研究其本身以外，还必须注重研究腐败和腐败文化。[1]

（二）要注重创新廉政文化建设的制度机制

尽管人们将文化和制度视为两个相对独立的理论概念和研究领域，但是，必须清醒地认识到，“文化与制度是伴随着人类文明或人类社会的产生而同时产生。”[2]文化与制度有很强的相融和相关性，双方的依赖性极强。换句话说，文化作为一种软约束，必须借助硬性的制度和机制的力量才能发挥切实的效用。在我们抽样调查中，有52%的受访者认为开展廉政文化建设，关键是完善制度，即在遵循文化发展规律的基础上，针对腐败文化的消极效应，制定一系列管用的制度。也就是说，只有坚持以制度建设为基础的廉政文化建设，才能持久深入地发挥其功效。

构建全方位的廉政教育长效机制。我们在调研中看到，基层在推进廉政文化建设过程中，大都是结合各自的地域文化，通过影视、出版、广播、电视、戏曲等文化形式进行廉政教育。从长远来看，这或许是对廉政文化建设狭隘的理解，或者是廉政文化建设的“初级阶段”，但就其效果而言，廉政教育也是廉政文化建设不可或缺的内容，而且肯定是有益的。因此，在廉政文化建设进程中，除了注重当前，还必须要着眼长远，立足

① 同上。

② 曾小华著：《文化·制度与社会变革》，中国经济出版社，2004年9月版，第247页。

长效，逐渐摒弃“运动式”、“突击式”教育模式，构建全方位教育长效机制。首先，建立廉政教育与经常性思想教育紧密结合的长效机制。营造“人人思廉、人人保廉、人人促廉”的良好氛围，使廉政文化建设固化为人们的自觉行为。在调研中，我们听得最多的一句话就是：用身边的事教育身边的人。这足以说明廉政教育在廉政文化建设中所产生的良好效应。其次，建立廉政教育与考核制度有机结合的长效机制。把廉政教育作为一门“必修课”，贯穿于领导干部培养、管理和使用的全过程，并纳入考核奖励制度，作为各级领导干部考核任用、各级各类单位及个人评先选优的重要内容严格考核，使其规范化、制度化。第三，建立廉政教育同监督体系相结合的长效机制。要加强纪检监察机关与新闻宣传部门的协调配合，有效整合和调控各种宣传舆论媒介，充分发挥党报、党刊、广播电视等新闻机构舆论宣传主渠道的作用，形成完善的监督机制，使廉政教育机制充分发挥其功效。

建立廉政文化建设横向、纵向的联动机制。廉政文化建设是一个系统工程，涉及面广，协调难度大，需要充分调动社会各界的积极性，着眼于建立和完善横向和纵向的联动机制，形成廉政文化建设的强大合力。廉政文化“六进”的实施、廉政文化建设联席会议制度的制定，都是实现廉政文化建设横向联动机制好的开端。如果说，横向联动机制是创新和搭建了廉政文化建设的平台，那么要想在这个平台上不断拓展廉政文化建设的空间，就必须建立纵向联动机制。廉政文化既是一种先进的政治文化，也是一种重要的大众文化，要体现“大众化”，就必须在点线面结合中深化拓展，扩大廉政文化的辐射面，调动和发挥党员干部和群众广泛参与的积极性、主动性和创造性，并建立长效机制。只有通过资源的有效整合，横向、纵向的紧密结合，廉政文化建设的影响力才会不断增强。

建立廉政文化建设成效的评估机制。廉政文化建设的效果具有不确定性和弥散性，“软”效应和滞后效应较强。在实践中，如果只停留在把上级布置的工作完成与否的层面，而对廉政文化建设所产生的效果缺乏客观的考察和评估，必然会导致流于形式。在调研座谈中，一些纪检工作人员对廉政文化建设有一种困惑和矛盾：搞廉政文化建设是否能有效遏制腐败不清楚，但不搞廉政文化建设肯定不利于反腐败。在实践中，我们既要防止廉政文化建设万能论，同时也要警惕廉政文化建设无用论的思想倾向。当务之急是确立一个科学的评估标准，即廉政文化建设的“软任务”与“硬指标”相结合的长效机制。比如，对廉政文化建设的先进单位和个人要进行表彰奖励，对工作不力的要批评教育，激励和鞭策有关单位和部门认真履行职责，承担起做好廉政文化建设的重任。同时，要准确设计评估要素的权重和分值，力求全面准确合理地建立廉政文化建设成效的评估机制，使其达到科学化、数量化、客观化的效果。比如，对部门和行业风气定期进行调查、测评，及时发现和解决问题，总结推广经验。只有通过对廉政文化建设活动的成果加以考评和测评结果的“刚性”运作，才能将这项工作深入持久地开展好，也才能达到开展廉政文化建设的真正目的。

建立健全廉政文化建设的保障机制。廉政文化建设除了制度保障以外，还包括技术保障、经费保障等。在现代科技特别是信息技术快速发展的条件下建设廉政文化，必须建立健全技术保障体系。比如，运用互联网等新型媒体构建廉政文化信息平台，加强对反映廉政内容的社会热点、难点问题正确引导，完善廉政新闻发布制度和重大突发廉政新闻事件报道快速反应机制。随着我国经济实力的整体提升，也为廉政文化建设创造了较为有利的经济条件。经济是基础，廉政文化建设离开了经济，同样是纸上谈兵。我们在调研中发现，由于种种原因，各地廉政文化建设大多数没有专项经费，工作也只能是量力而行，尽力而为。因此，应建立健全经费保障机制，将廉政文化建设的必要经费纳入财政预算范围，保证廉政文化建设经费有稳定来源并随着地方财力的增长得到逐步提高。这样才能切实保障实施廉政建设精品工程、开展重大廉政文化活动所必需的资金。

（三）要注重营造廉政文化建设的良好环境

要使廉政文化的熏陶像空气一样无处不在，就要解决好环境和气候的问题。这里所说的环境是以一定的价值观念、道德意识、纪律规范、风气习俗为基础而形成的一种约定俗成、不可选择、潜意识存在的人文氛围。廉政环境氛围，就是这种从外部为从政者营造条件的客观存在，它给人们带来一种属于文化软实力范畴的约束力。良好的廉政文化环境氛围对腐败现象既能防微杜渐，又能标本兼治，从而成功地吸引社会成员成为廉政文化的支持者、实践者和倡导者。[①] 营造这样的文化氛围，大致从宏观环境和微观环境两个层面着手。

首先要营造廉洁、健康的宏观环境。宏观环境通常包括政治环境、经济环境、文化环境、社会环境。廉政文化环境与政治、经济、文化、社会环境也息息相关。比如，通过查处案件，从严治贪，形成严惩腐败分子的高压政治态势；通过坚持科学发展，用发展的办法解决腐败现象产生的经济社会根源；通过倡导与中华民族优秀传统相承接、与时代精神相统一的廉洁理念、廉政文化，营造崇廉的文化氛围；通过教育、监督、法律多管齐下，在全社会形成廉荣贪耻的社会风尚。由此可见，“大环境”健康了，“小气候”也就顺理成章了。

其次是营造“人人思廉、人人保廉、人人促廉”的微观环境。加强廉政文化建设，就是要使全社会从宏观大局到微观层面，从社会大环境到家庭小圈子，对廉洁从政的意识理念、作风要求、纪律规范做到家喻户晓、老幼皆知，形成对腐败现象如过街老鼠、人人喊打的氛围，对腐败分子造成一种高压态势，对腐败现象形成一股严格的约束力。一是营造健康向上的社会环境。依托形式多样的宣传载体，让反腐倡廉的思想意义和成果入耳、入脑、入心，使人们在潜移默化中得到熏陶和启发。二是营造积极进取的工作环境。单位作为一个人相对固定的活动场所，形成了生活学习的小环境。在这

---

① 王文升：《廉政文化论》，中国方正出版社。2009 年 5 月版，第 233 页。

个小环境中，要教育引导广大党员干部和普通群众牢固树立“廉政就是保护自己”、“以廉为荣、以贪为耻”等廉洁观念，通过不断的洗脑教育，使党员干部和普通群众在现实熏陶中筑牢廉洁的思想观念和理想信念。三是营造廉洁的家庭环境。广大家庭成员要自觉做反腐倡廉的宣传员、监督员、守门员。特别是广大党员领导干部家属要常吹家庭“廉政风”，管好家庭“廉政账”等，时刻提醒家人做到以俭持家，以廉保家，夯实家庭廉洁的基础。四是营造健康的信息传递环境。要充分利用各种新闻媒体、报刊杂志和网络信息等平台，及时宣传反腐倡廉路线、方针、政策，党纪条规内容，勤政廉政先进典型和腐败堕落反面案例，增强反腐倡廉宣传的声势和效果。从而扩大廉政氛围的覆盖面，全面形成让人不敢腐败、不能腐败的大环境。

（四）要注重发挥现有阵地和载体的作用

有效的载体，是文化形态的客观体现，也是文化得以广泛传播的根本前提。丰富的载体是弘扬廉政文化的基础。要使廉政文化活力四射，为广大干部群众所喜闻乐见，就必须结合地域特色和实际，创新活动载体，积极探索廉政文化建设的新途径、新方法。廉政文化作为新时期党风廉政建设催生出来的一种新型文化，是社会主义先进文化和政治文明的重要组成部分，它的广泛传播，同样需要依托一定体系、一定规模、一定形式的廉政文化载体，才能最终发挥其功效。在短短几年里，廉政文化建设经历了从传统的先进典型事迹报告会、反面典型通报会到现代化的示范教育基地、警示教育基地，从传统的廉吏故事到现代的廉政电视剧和警示片，从传统的廉政碑、廉政墙到现代化的廉政文化街，从传统的廉政报刊到现代快捷、方便的互联网、手机传播廉政信息的转变，逐步实现了由封闭向开放、由单纯灌输向形式多样的综合渗透转变，达到了“润物细无声”的教育效果。

占领阵地，发挥廉政载体最大承载效应。阵地是廉政文化建设持续深入开展的一个重要依托。只有以先进的文化去占领“市场”，抢占党员干部和广大群众的思想“阵地”，才能有效挤压“腐败文化”的生存空间。要坚守和巩固报刊、杂志、广播、电视等主要的宣传教育阵地，同时，还要开拓一些新的领域。充分利用互联网这个方便快捷有效的平台，让它成为获取廉政知识和信息的一个重要窗口。通过各种载体为全社会共同参与廉政文化建设开辟宣传阵地、学习阵地、交流阵地和活动阵地，不断拓展廉政文化宣传教育的覆盖面和影响面，使廉政文化渗透到群众工作、学习和生活的方方面面。近年来，各地经过不断探索和实践，各基层普遍建立了政务、厂务、校务、村务公开栏，开设了廉政网站，通过各种廉政文化阵地，开展党风廉政宣传教育活动，广泛宣传了党中央、国务院及中央纪委关于党风廉政建设的目标、任务和具体要求，深得广大群众的赞赏和认可。在调研中看到，一些地方结合本地文化特色，把廉政文化建设融入到各项文化建设之中，建立“廉政教育基地”、“廉政学校”、“农廉网”，举办各具特色的“廉政讲坛”、“廉政戏曲”，与媒体联合创办“党风纠风台”、“行风大家谈”等栏目，都取得了良好的效果。

整合资源，不断增强廉政文化的渗透力。文化是人民群众创造出来的，一切积极健康的文化均是源于群众生活，随着时代和社会的变迁而繁育。如果没有人民群众的参与，文化就成了无源之水，无本之木。胡锦涛同志指出，反腐倡廉教育要面向全党全社会。这为廉政文化建设拓展了新领域，打开了新视野。廉政文化建设是否有较高质量和长久的生命力，群众的广泛参与是重要的检验标准。唤起群众积极参与廉政文化建设的热情，使之成为廉政文化的创造者、参与者，廉洁的社会氛围才能进一步形成，腐败的“市场”才会缩小。应当从三个方面着手：一是充分发挥群众的智慧和才能，使广大人民群众成为廉政文化建设的一只生力军。二是通过多种途径激发干部群众参与的热情。坚决摒弃空洞、枯燥、教条性的方式，通过生动活跃的形式、独特新颖的载体去吸引群众广泛参与，不断增强廉政文化的吸引力、说服力和感染力，从而实现由“要我参与”向“我要参与”的转变。三是整合基础文化资源，培育孵化大众文化的良性土壤。充分发挥大众文化要素的作用，拓展廉政文化市场，延伸廉政文化的触角，形成廉政文化繁育发展的良好条件，使廉政文化之根深扎于民。

丰富内涵，提升廉政文化载体建设的效果。廉政文化作为社会主义先进文化的重要部分，也相应要求其载体在内容设计上，坚持与时俱进，能够客观反映当代社会对廉政文化建设的要求。就廉政文化的内涵与表现这一关系而言，首先应注重其内容的严肃性与其载体的生动性的结合。既要包含严肃的主题内容，又要运用生动活泼的文化载体予以表现，使廉政文化建设达到事半功倍的效果。同时，还应注重廉政文化内容的相对统一性与其载体的无限多样性的结合。廉政文化建设的核心思想内涵主要是反腐倡廉。这一点可以说是相对集中和统一的。但其表现载体，却是丰富多样的。必须根据不同廉政文化内容选择合适的载体，力求实现内容与形式的和谐统一，才能发挥廉政文化的最佳导向作用。

总之，廉政文化建设是一项系统工程，是一项长期性的任务。在新形势下，我们应在总结以往建设经验教训的基础上，不断赋予廉政文化建设新的内容、不断创新廉政文化建设的载体、不断运用廉政文化的新成果、不断探索廉政文化建设的新方法，坚定不移地将廉政文化建设深入持久地开展下去。

［参考文献］

［1］王文升主编：《廉政文化论》，中国方正出版社，2009年版。

［2］李成言等主编：《廉政发展》，北京大学出版社，2004年版。

［3］孙载夫主编：《防止腐败体系研究》，中国方正出版社，2004年版。

［4］贯桂梓主编：《聚焦廉政文化》，山西人民出版社，2006年版。

[5] 曾小华著：《文化·制度与社会变革》，中国经济出版社，2004 年版。

[6] 费孝通著：《乡土中国》，北京出版社，2005 年版。

（太原市纪委监察局、山西省社会科学院、太原市社会科学院联合课题组）

课题组组长：弓　跃

课题组副组长：贾桂梓、李国敏、庞丽峰、孙建宏

课题组成员：刘锦春、孟恭才、郝尹明、王益民、张维宏、程淑兰、张　杰、刘　栩

课题执笔人：庞丽峰、程淑兰、刘栩

分报告之五

推进新时期反腐倡廉宣传教育制度建设研究

反腐倡廉宣传教育是惩治和预防腐败体系的重要组成部分，是反腐倡廉建设的基础性工作。改革开放30多年来，党风廉政建设和反腐败工作坚持教育为主，防范在先的工作理念，始终把廉政教育放在突出位置，多形式、全方位开展了反腐倡廉宣传教育工作，整体上呈现出了良好的发展态势。但是，就目前来看，反腐倡廉宣传教育工作的整体水平还不能完全适应新形势和新任务的需要。一个重要原因就是制度建设相对滞后，不能从制度上确保教育的针对性、长期性和有效性。据此，要进一步推进新形势下反腐倡廉宣传教育工作，使其在惩治和预防腐败体系建设中发挥应有的作用，必须高度重视制度建设。

一、加强反腐倡廉宣传教育制度建设的重要性和紧迫性

胡锦涛总书记在十七届中央纪委第五次全会上的重要讲话，从党和国家事业发展全局和战略的高度，全面科学地分析了当前的反腐倡廉形势，明确提出：“反腐倡廉制度建设是惩治和预防腐败体系建设的重要内容，

是加强反腐倡廉建设的紧迫任务。”“要进一步加强反腐倡廉教育制度建设，加强和改进教育培训工作，加强和改进反腐倡廉宣传教育工作，提高反腐倡廉教育的科学性、规范性、有效性。”① 这对我们从制度层面规范反腐倡廉宣传教育工作，加强新形势下对党员领导干部的廉政宣传教育，发挥教育在惩治和预防腐败体系建设中的重要作用，具有十分重要的意义。

（一）加强反腐倡廉宣传教育制度建设，是建立健全惩治和预防腐败体系的必然要求

制度建设既是惩治和预防腐败体系的重要内容，又是贯穿惩治和预防腐败体系各个核心要素之中的一个根本保障机制。在惩防体系各个要素中，反腐倡廉宣传教育居于十分重要的基础地位。要使这个基础更加牢固坚实，必须把制度建设贯穿于反腐倡廉宣传教育工作的始终，才能保证教育的针对性和有效性，最大限度地发挥教育的作用，促进党员干部筑牢拒腐防变的思想防线，守住廉洁从政的道德底线。

（二）加强反腐倡廉宣传教育制度建设，是推进反腐倡廉制度建设的重要内容

制度带有根本性、全局性、稳定性和长期性。经过多年的反腐倡廉实践，广大党员干部已经逐步认识到，“反复发生的问题要从规律上找原因，普遍发生的问题要从体制机制上找原因”。一些党员干部犯错误，其主观原因和个体责任固然不可推卸，但制度建设的缺陷造

① 胡锦涛：《建设科学严密完备管用的反腐倡廉制度体系》。

成的廉政意识淡薄，应该引起足够的重视。作为反腐倡廉建设的基础要素，反腐倡廉宣传教育制度建设也必然是反腐倡廉制度建设的重要内容。在新形势下，越来越多的人们意识到，无论是整体推进反腐倡廉建设，还是构筑反腐倡廉教育基础，如果没有制度规范，就没有标准，也就缺乏约束，难以执行，更谈不上机制、制度的长效运行。因此，加强反腐倡廉宣传教育工作，必须从根本上认识和把握其基本规律，把加强制度建设，推进制度创新作为反腐倡廉制度建设的重要内容，进一步加大制度建设和执行力度，切实解决部分领导干部对反腐倡廉宣传教育认识不清、部署不周、落实不力的问题。

（三）加强制度建设，是推进反腐倡廉宣传教育的根本保证

制度是一个社会正式规则的合体。政治制度是一个社会的政治规则。马克思称它为“具有规定和管理一切特殊物的、带有普遍意义的特殊物”。制度文明是人类文明的重要组成部分，随着人类社会生活的扩张，“制度化”成为人类无可规避的选择。[①] 党的十七大进一步确立了党的“制度建设”在“新的伟大工程”中的“根本性”地位，同时也提升了制度建设在反腐倡廉建设中的保障作用。推进反腐倡廉宣传教育工作，制度建设同样也是最根本的、最具保障性的。实践证明，宣传教育制度是推进反腐倡廉宣传教育工作有效性、规范性、科学性的重要保证。制度一旦建立，教育的稳定

---

① 任亮:《制度建设：提高党的执政能力的根本保证》，天津师范大学学报社科版。

性和长效性就会大大提高。要实现教育面向全党全社会并保证党风廉政教育的经常化，必须从强化组织领导、确立教育主体和对象、优化教育资源配置、确定教育内容、完善教育的方式方法等方面建立相应的制度来保障，进而把反腐倡廉宣传教育真正纳入党的思想建设的总体部署，切实建立健全突出领导干部、覆盖基层党员的干部培训和党员轮训机制；创建全方位、全覆盖的示范教育和警示教育机制；建立健全贯穿干部培养和成长过程的廉洁从政教育和岗位廉政教育长效机制。

二、反腐倡廉宣传教育制度建设的现状

推进新时期反腐倡廉宣传教育制度建设，必须对现阶段反腐倡廉宣传教育制度建设的状况有一个客观、准确的认识，把握已有成绩，厘清存在的问题，才能明确制度建设和制度创新的方向目标、工作重点和具体措施。

（一）反腐倡廉宣传教育制度建设取得的成绩

我党的反腐败斗争经历了运动反腐、权力反腐和制度反腐的过程。而制度反腐思想是在反腐倡廉的实践中逐步确立，并不断强化的。在宣传教育领域，从井冈山时期的“三大纪律、八项注意”，到新中国成立前夕全党始终坚持“两个务必”，从改革开放以来把思想教育作为解决腐败问题的重要手段、“加强对党员干部党性党风党纪教育和遵纪守法教育”，到新时期把反腐倡廉宣传教育纳入党的建设总体布局，“进一步加强反腐倡廉教育制度建设，提高反腐倡廉教育的科学性、规范性、有效性”……我们党反腐倡廉的历史进程充分证

明，只有加强制度建设，才能有效发挥廉政教育应有的作用。改革开放以来，我们党反腐倡廉宣传教育工作取得了有目共睹的成绩。在领导体制上，形成了党委牵头，纪委协调，组织、宣传文化等部门共同参与的反腐倡廉宣传教育格局；在组织协调上，建立了联席会议、责任分工、情况通报和调研督导等制度，形成了牵头单位和协办单位工作协调机制；在教育对象上，建立了突出领导干部，覆盖基层党员的干部培训、党员轮训等制度，形成了全方位、全覆盖的基层党员教育机制；在教育形式上，坚持和完善党委（党组）中心组学习、主要负责同志定期讲廉政党课等制度，建立了党性定期分析、反腐倡廉专题教育等制度，形成了充分发挥教育说服力和制度约束力的党性党风党纪教育机制；在教育内容上，不断推行示范教育、警示教育、岗位廉政教育等制度，形成了科学有效的反腐倡廉教育机制。在优化教育时段上，根据党员领导干部的培养和成长过程，通过廉政谈话、述职述廉、民主评议等途径，对其进行岗前教育、在岗教育、离岗教育，形成了贯穿干部成长全过程的廉洁从政教育机制；在营造社会廉洁氛围上，2010年3月15日，中央纪委、中央宣传部、监察部、文化部、广电总局、新闻出版总署联合下发了《关于加强廉政文化建设的意见》，为开展廉政文化活动提供了制度保障，增强了全党全社会的反腐倡廉意识。

同时，各地在开展工作时，紧贴本地区本部门实际，突出地方特点和时代特色，抓住广大党员干部关注的焦点、热点分层施教，创造性地开展宣传教育活动，形成了一些符合惩防体系要求，具有鲜明地区特点和创新意义的做法。朔州市纪委推行了发送廉政短信做法。从2000年以来，连续十年在元旦、春节和中秋节期间，向各级领导干部发送廉政短信近百万条，使宣传教育从单向走向互动。运城市纪委运用廉政教育基地开展宣传教育；益阳人民银行积极完善宣传教育档案制度，把反腐倡廉宣传教育作为人民银行干部职工思想教育的重要内容，按时段、有计划、有步骤地对干部职工进行反腐倡廉宣传教育，将干部职工参加反腐倡廉宣传教育活动的情况翔实记录在《廉政教育档案》中，作为考核干部职工职业道德素质和岗位任职资格的重要依据；[①] 四川省坝寨乡立足农村党员干部思想状况及工作基础条件，建立廉政教育责任制、廉政教育学习制度、廉政教育通报交流制度；陕西商洛市纪委会同市委组织部制定了《商洛市领导干部任前廉政法规考试的规定》。[②] 这些规定、制度的实行，较好地保证了反腐倡廉宣传教育的实效性。

（二）反腐倡廉宣传教育制度建设存在的问题

必须清醒地看到，当前，从推进反腐倡廉宣传教育工作的整体水平，适应新时期党风廉政建设和反腐败斗争形势需要这一高度上看，反腐倡廉宣传教育制度建设相对滞后，不能完全适应新的形势和任务的需要。一些制度建设不够完善，特别是一些关键环节还存在制度空白；一些制度缺乏针对性、系统性、配套性和可操作

① 《益阳纪检监察》，2009年9月。

② 中国廉政网。

性，一些制度建设的科学化水平还有待提高；对制度的落实没有形成相应的监督和追究机制，重制定、轻执行，不少制度没有得到很好执行。有些地区和部门制度建设意识不强，对反腐倡廉制度建设重视不够，抓宣传教育的部门不少，但在具体工作中缺乏组织协调机制，一些领导干部对加强制度建设的重要性认识不足，制度建设的自觉性、责任感不强。在制度建设中存在重实体轻程序，重原则轻具体，重个体轻整体的现象，有些制度仍然处于单一化、分散化的状态，相互不配套，头痛医头脚痛医脚，难以发挥制度建设的整体效应。还有的制度缺乏刚性，大多停留在口号式、说教式层面，对禁而不止和屡禁不止怎么办的问题，具体措施跟不上。由于制度的操作性和刚性不强，造成执行不力，不能发挥应有作用。如此种种，导致对党员领导干部的廉政教育效果大打折扣。具体表现在：

1. 反腐倡廉宣传教育对象缺乏制度规范

反腐倡廉宣传教育的重点对象是领导干部，但是在实际工作中，无论是作为宣传教育的主要对象，还是作为推动反腐倡廉宣传教育的责任人，由于缺少制度上的刚性约束，领导干部往往成为宣传教育的薄弱点。在宣传教育对象的层次划分和群体区别上，“同一化”现象比较突出，没有根据受教者的行业、领域和层次，进行详细的划分，有针对性地进行宣传教育，领导干部与一般干部，年轻干部与退休干部，重点岗位与一般岗位，甚至不同行业、不同领域和不同心理特征的人员，都接受同一种内容，同一种形式，同一种态度的教育，使得宣传教育效果不太好，甚至适得其反。

2. 教育资源整合缺乏制度规范

反腐倡廉宣传教育工作经过多年的探索，逐步建立了联席会议制度和协调会议制度，通过召开联席会议，落实联席会议决定事项，使得领导干部能够更好地把握大局、掌握政策、学习知识、增长才干、提出建议、解决问题。但是，具体到实践中，这种协调整合教育资源的机制大多流于形式。各个职能部门参加会议多，履行职责少。对一些问题只上会议，议而不决，决而不行，不能很好地发挥资源优势，形成职能合力。其中一个重要原因，是因为没有形成科学的任务量化制度。相关部门在反腐倡廉宣传教育中所承担的职责、任务不够明确，没有按照任务分解和落实情况以及工作的难易程度，确定统一量化评比标准，形成具体的工作任务分解，使得一些成员单位的优势作用未能充分发挥，未能真正参与到反腐倡廉宣传教育中来，宣传教育资源不能得到有效整合，宣传教育力量明显不足。

3. 宣传教育主体资格的准入制度尚未建立

反腐倡廉宣传教育工作的开展，精良的宣传教育教师队伍是关键。但在实际工作中，宣传教育主体的资格却往往被忽视了。以致于一些不具备讲党课资格的党政领导干部在讲台上高谈阔论。他们“台上一套，台下一套”的作派、行为，不仅没有起到先锋模范作用，没有达到教育的效果，反而在广大党员中造成了恶劣的影响，传递了错误的信息，违背了反腐倡廉宣传教育的目的。因此，要进一步健全和完善优秀党政领导干部讲党课的资格准入机制，建立优秀党政领导干部担当施教者的资格准入制度，通过对其政治业务素质、理论水平、工作表现和教学经验的综合评估，选拔出具有较高政治业务素质、较高的理论功底和丰富的实践经验的优秀党政领导干部走上讲坛，传授知识，以保证宣传教育工作收到良好的实效。

4. 监督检查和责任追究制度缺失，导致制度执行不力

就目前来说，还没有建立起一套完整的、对落实反腐倡廉宣传教育制度情况进行监督检查、对违反反腐倡廉宣传教育制度行为进行责任追究的制度体系，导致一些单位、部门没有把反腐倡廉教育作为一项长期的、战略性的系统工程来抓；个别单位在对干部职工进行反腐倡廉教育活动中，只图表面形式，不讲实际效果；有的地方和组织以文件落实文件，以通知贯彻通知，把教育当成“软任务”，只管耕耘，不问收获，“广种薄收”；有的部门和单位为了应付考核做些表面文章，结果是热热闹闹搞活动，轰轰烈烈走过场，匆匆忙忙把兵收。教育者如此，受教育者更是“小和尚念经、有口无心”，这边耳朵进、那边耳朵出，很少触及自己的思想实际，更不要讲入耳、入脑、入心，从灵魂深处筑起反腐倡廉的防线了。

5. 没有建立起科学有效的评价反馈制度

宣传教育的评价反馈制度是一个多角度、多层次的标准体系。效益评价反馈中最困难也是最关键的问题，就是找到一种能够比较客观地反映宣传教育效益的标准。对于反腐倡廉宣传教育工作来说，一定形式会影响宣传教育效果，但不是一切形式都会产生效果。现实中，我们往往看到，许多地方和部门用布置了多少工作、开了多少次会议、发了多少辅导材料、办了多少期培训班、作了多少次报告、有多少个党员参加会议，写了多少篇理论文章等一些统计数字来判断宣传教育工作的优劣。这实质上是把反腐倡廉宣传教育所采取的形式和完成的工作量作为了反腐倡廉宣传教育的评价标准。这也是导致一些地方和部门在反腐倡廉教育工作中片面追求形式的主要原因。

三、加强反腐倡廉宣传教育制度建设的战略构想

（一）加强反腐倡廉宣传教育制度建设的指导思想

以邓小平理论和“三个代表”重要思想为指导，深入贯彻落实科学发展观，按照胡锦涛同志在中央纪委十七届五次全会上的重要讲话精神，整体规划，重点突破，逐步建成内容科学、程序严密、配套完备、有效管用的反腐倡廉宣传教育制度体系，切实提高制度执行力，充分发挥制度建设在反腐倡廉宣传教育工作中的重要作用。

（二）加强反腐倡廉宣传教育制度建设的基本原则

1. 要注重制度建设的规范性，做到科学合理，切实可行

反腐倡廉宣传教育制度建设要注意科学性、规范性，就是要在研究制定制度时严格按规范文件操作，行文的格式、语句、条文、措辞等一定要符合规定。尤其要对相关规定进行科学分析和界定，严格把握标准尺

度。制度内容要具体化，不能抽象，不能模棱两可，坚决避免与相关法律法规相矛盾或碰撞。在建立或出台各项制度中，必须经过一定的审批发布程序，以此形成长效机制，推进反腐倡廉宣传教育制度的科学建立。

2. 要注重制度建设的系统性，做到配套完整，形成体系

要加强整体规划和统筹协调，既要重视基本的宣传教育制度，又要重视具体的实施细则；既要重视单项制度的建设，又要重视基本制度与具体制度、实体制度与程序性制度的配套；既要重视党内法规制度的建立健全，又要注意与国家法律法规的协调配合，使各项法规制度彼此衔接、环环相扣，真正发挥反腐倡廉宣传教育制度的整体合力。

3. 要注重制度建设的针对性，做到抓住关键，突出重点

制度建设必须从实际出发，紧密结合本部门、本单位反腐倡廉的工作现状，深入研究新时期党的建设和反腐倡廉工作的特点与规律，深入分析党员干部的思想状况，有针对性地建立健全科学的制度。

4. 要维护制度建设的权威性，做到有法必依，执法必严

“天下之事，不难于立法，而难于法之必行”。抓好制度的贯彻落实，既是制度建设的根本要求，也是检验制度建设成果的重要标准。在推进反腐倡廉宣传教育制度建设的过程中，必须坚持“立”“行”并重，尤其要强化落实制度的措施，切实提高制度的执行力，坚决维护制度的严肃性和权威性。

5. 要坚持制度建设的创新性，做到推陈出新，与时俱进

要总结成功经验，坚持和发展反腐倡廉宣传教育工作的经验；要注意尊重人民群众的首创精神，借鉴发达地区的有益做法，尤其要注意把那些经过实践检验的成功做法上升为制度，把那些通过实践得出的规律性认识运用到制度建设中去；要在实践中不断发现、总结、推广新经验，创造新方法，使反腐倡廉宣传教育制度更有生机，更具活力，真正符合在继承中发展，在发展中创新的要求，适应形势和任务的需要。

（三）加强反腐倡廉宣传教育制度建设的目标任务

反腐倡廉宣传教育制度建设是惩治和预防腐败体系建设的重要组成部分。按照《建立健全惩治和预防腐败体系2008－2012年工作规划》，经过今后五年的扎实工作，建成惩治和预防腐败体系基本框架，拒腐防变教育长效机制初步建立，反腐倡廉法规制度比较健全，权力运行监控机制基本形成，从源头上防治腐败的体制改革继续深化，党风政风明显改进，腐败现象进一步得到遏制，人民群众的满意度有新的提高。反腐倡廉宣传教育今后二三年内，要重点抓好以下制度和机制的建立健全。

1. 完善以联席会议制度为主的组织保障机制

一是建立相关的配套机制，提高联席会议制度的执行力。健全和完善有关部门和新闻单位党风廉政宣传教育联席会议制度和反腐倡廉网络宣传联席会议制度，定期研究部署反腐倡廉宣传教育的相关工作。二是建立责任分解落实制度。分解任务，细化责任，使“软任务”变成硬指标，抽象目标具体化。三是建立督查制度。坚持目标管理和过程管理，对反腐倡廉宣传教育工作特别是重点工作的进展情况进行督促检查，及时发现和解决问题，推动工作落实。四是要建立奖惩制度。表彰先进，督促落后，形成争先创优的良好局面。

2. 以领导干部为重点，建立分类施教的保障制度

一是完善工作部署制度。严格落实“各级党组织主要负责人是反腐倡廉宣传教育的第一责任人”的要求，把反腐倡廉宣传教育工作的责任、内容、方式、效果纳入各级各部门党风廉政建设责任制，融入惩治和预防腐败体系之中，与党风廉政建设和反腐败斗争其他各项工作同部署、同检查、同考核、同落实。二要进一步完善“一岗双责”制度。促使各级领导干部带头学习，带头讲廉政教育课，带头撰写学习体会文章，带头遵守廉洁自律各项规定。三要建立分类教育制度。根据教育对象的职务、级别、岗位、年龄和不同个体的心理变化因素与承受能力等进行反腐倡廉分类教育。

3. 完善“优秀党政领导干部”讲党课资格准入制度

党政主要领导讲党课，是中央纪委于2003年提出的一项党风廉政宣传教育新制度。在具体实践中，一方面少数党政主要领导不按规定要求落实，另一方面，少数党政领导，在台上高谈阔论、滔滔不绝，在台下腐化堕落，使广大受教育者产生心理偏差，严重影响反腐倡廉宣传教育的效果。因此，在完善党政主要领导讲党课制度的同时，建立健全“优秀党政领导干部”讲党课资格准入制度，通过组织考察、问卷调查、民主测评等程序，选拔那些符合条件的优秀党政领导干部作为廉政党课的主讲人选，既做出正确的理论指导，又发挥身体力行的示范引导作用。

4. 建立党员干部和党组织示范教育制度

示范教育是我党开展党员教育的有效方法。在党的宣传教育历程中，先后选树了张思德、焦裕禄、雷锋、孔繁森、郑培民、任长霞等先进典型，而且教育了几代人，至今还影响着我们的思想和行为。在当前思想、信仰多元化的形势下，开展示范教育具有更现实的要求和更具时代性的意义。朔州市在开展示范教育中，紧紧围绕学习弘扬右玉精神，在全市开展了大学习、大宣传、大讨论，注重发挥右玉精神的教育、引导、示范作用。市委把植树造林、生态建设作为学习右玉精神的载体，在市区西山公园建立了“公仆林”植树基地，全市党员干部积极参加义务植树活动，亲身感受右玉人民坚持不懈绿化家园的奉献精神。同时组织开展了“弘扬右玉精神，加强作风建设”主题实践活动。组织举办多期学习右玉精神专题理论研讨会、培训班，召开了以学习右玉精神加强机关作风建设为主题的领导干部专题民主生活会。全市各级党政班子和领导干部把作风建设放在首位，以右玉历任县委、县政府团结协作，艰苦奋斗精神为榜样，结合本地本部门的实际，把右玉精神转化为狠抓落实、开拓创新的具体实践。通过全方位、广角度、大规模的宣传，不仅使右玉精神在全市家喻户晓，而且在全省、全国产生了很大反响。要总结实践经验，用制度的形式规范优秀党员和先进党组织发现、培养、选树、宣传的条件、程序，充分发挥其示范导向、激励带动、凝聚感召和鼓舞斗志的作用。

5. 建立党员干部定期接受警示教育制度

把廉政警示教育做为反腐倡廉教育的重要内容，列入各级党组织年度学习计划，定期开展廉政警示教育活动；在形式上要充分运用好“一案两报告”制度；在案件使用上，要选择具有典型性、震慑性、教育性的案例；在活动组织上，建立严格的审查、审批程序，确保案例教育真正产生警示作用。

6. 建立健全党员和国家公务员岗位廉政教育制度

根据党员领导干部和国家公务员的工作时段和岗位性质，开展多种形式的任前教育、在岗教育、离岗教育。山西省从 2008 年以来，大力推行岗位廉政教育，两年集中培训各级领导干部 99600 余人。2010 年山西省纪委在探索实践的基础上，制定了《关于进一步加强领导干部岗位廉政教育的意见》，确保了教育的规范性，收到了廉政教育的整体、综合、平衡发展效果。在今后的具体实践中，要进一步探索和完善。如在岗前教育方面，对即将上任的党员领导干部，要进行反腐倡廉政策、法规、案例等教育，并通过廉政考试、民主评议等方式对其进行考核，将考核成绩作为选拔任用的硬性要求；对在岗教育方面，主要是对各级党员领导干部任职期间，通过廉政谈话、述职述廉等形式，定期不定期地进行廉政教育；离岗教育方面，主要是对任期已满即将离岗的领导干部进行离任审计、廉政监察，从思想上到工作上进行监督检查，做到廉洁离岗，保持晚节。

7. 建立反腐倡廉宣传教育考核评价制度

按照“整体规划、指标量化、项目归类、动态管理、效果检测”的原则，坚持阶段性与长期性相结合、定性分析与定量分析相结合、考核与运用相结合”的考核要求，建立健全寓目标设置、运行监控、考核评价、落实奖惩为一体的考核评价制度，强化对反腐倡廉宣传教育工作的考核奖惩。

8. 建立反腐倡廉宣传教育信息反馈机制

首先要建立健全信息共享制度。通过定期进行问卷调查和民意测评，对各部门各单位反腐倡廉宣传教育工作进行定量、客观的检测、评价，及时发现问题，向决策机构快捷准确地提供预警信息和改进建议。其次，建立健全信息交流制度。加强反腐倡廉宣传教育信息的整合，健全信息网络，及时搜集、分析、处理信息、资料，从中发现宣传教育工作存在的漏洞和薄弱环节，提出对策建议，及时向相关部门和单位反馈。第三，进一步健全和拓宽信息反馈的渠道。坚持党内信息反馈与党外信息反馈、专门机关信息反馈与群众信息反馈相结合，发挥好信息反馈作用。

四、加强反腐倡廉宣传教育制度建设的措施

建立完善的反腐倡廉宣传教育制度体系，确保用科学的态度和方法指导制度的制定和执行，提高制度建设的针对性和有效性，是反腐倡廉宣传教育制度建设的核心任务。在推进反腐倡廉宣传教育制度建设的过程中，必须加强组织领导，深入调查研究，广泛征求群众意见和建议，同时要特别注重制度的执行和落实。

（一）切实加强制度建设的组织领导

各级党委、政府和纪检监察机关要把制度建设摆在突出位置，以加快推进惩治和预防腐败体系建设为目标，以健全反腐倡廉宣传教育机制为重点，把制度建设摆上重要位置，列入议事日程。对一些全局性、关键性的制度要亲自组织起草、亲自把关审核。要把制度建设情况纳入党风廉政建设责任制检查考核和领导干部述职述廉内容，对领导不重视、制度不健全、落实不到位的部门和单位领导，坚决追究责任。

（二）充分重视制度建设的调查研究

没有调查就没有发言权。调查研究，是我们党的优良传统和基本工作方法。推进反腐倡廉宣传教育制度建设，更要注重调查研究。各级领导干部要通过深入细致的调查研究，学习和借鉴国内外好的经验和做法，探索新规律，研究新情况，解决新问题，结合实际创造性地加以运用，进一步增强制度建设的合理性、针对性和可操作性，从而保证反腐倡廉宣传教育制度建设的各项任务真正落到实处。

（三）注重对现有制度的清理和完善

加强制度建设的规划和管理。各部门、各单位要结合实际，组织力量对现有制度进行清理，及时开展制度的“废、改、立”工作，对不适应反腐倡廉宣传教育形势和要求的制度，及时予以废止，对不完善的制度要抓紧修改、完善，对实践中迫切需要的制度列出计划尽快建立。

（四）建立完善反腐倡廉宣传教育“制度库”

各级、各部门要在系统清理现有制度的基础上，对制度进行汇总、归类，统一编制制度目录，及时调整、充实反腐倡廉宣传教育“制度库”，对制度实行集中、统一、动态、规范管理。要分别将各自“制度库”中的制度按照中央、省、市和本级及所属单位进行归类、梳理，并通过政府门户网站、廉政网和局域网等载体予以公开。

（五）注重提高制度的执行力

要针对反腐倡廉宣传教育制度执行中存在的突出问题，研究提出落实的具体措施。一是要加强对制度的宣传。把制度的宣传纳入廉政文化建设之中，采取多种行之有效的措施加强制度宣传教育，保证宣传效果。让各级干部和广大群众了解制度的内容，掌握其精神实质和基本要求，强化自我约束，形成严格执行制度的良好氛围。二是加强对制度落实情况的监督检查。要把对反腐倡廉宣传教育制度贯彻落实情况的监督检查，与党风廉政建设责任制考核和各项专项工作检查结合起来，充分发挥各种监督主体的作用，创新监督手段，切实强化日常监督、阶段检查、责任追究和考核奖惩，及时发现问题，坚持违规必究，坚决纠正有令不行、有禁不止的现象，增强制度的刚性，使制度真正成为“高压线”。

【参考文献】

[1] 金道铭：《加强和改进新形势下廉洁从政教育》，《求是》杂志，2010年第4期。

[2] 李努生、胡伟：《纪检监察宣传教育实用手册》，山西人民出版社，1996年第1版。

[3] 孙壮志：《构建反腐倡廉教育制度建设长效机制》，《中国纪检监察报》。

[4] 曹晓枫：《反腐倡廉制度建设的几个基本原则》，《中国纪检监察报》。

[5] 北京市中国特色社会主义理论体系研究中心：《把反腐倡廉制度建设放在突出位置抓紧抓好》，《人民日报》2010年4月。

[6] 刘春良：《充分发挥制度建设在惩治和预防腐败中的重要作用》，《安徽日报》2008年6月25日。

（朔州市纪委监察局、山西大学政治与公共管理学院联合课题组）

课题组组长：刘国庆

课题组成员：赵首善、杜创国、胡伟、张新民、张亮、王东生、宋旭、张文君、张晓琳

课题执笔人：胡伟、宋旭、张文君、张晓琳

分报告之六

新形势下反腐倡廉宣传教育与惩治和预防腐败体系其他要素的关系研究

惩治和预防腐败体系是由反腐倡廉宣传教育、制度、监督、改革、纠风、惩治等要素构成的一个完整体系。在这个体系中，构成体系的各个要素不是孤立存在的，各要素之间总是或多或少存在着这样那样的关系。分析和把握惩治和预防腐败体系内部反腐倡廉宣传教育与制度、监督、改革、纠风、惩治等要素之间的关系，对于推进体系内部各要素之间良性互动，充分发挥体系的整体功能具有重要的作用。

一、反腐倡廉宣传教育在惩治和预防腐败体系中的地位和作用

（一）反腐倡廉宣传教育是惩治和预防腐败体系的重要组成部分

惩治和预防腐败体系是一个科学体系，她是在深刻总结中国共产党反腐倡廉实践经验，广泛借鉴世界各国反腐败成果，深入分析人类社会整贿肃贪成败得失规律的基础上，而提出的一个综合运用多种手段治理腐败现

象的庞大而复杂的系统。从实践来看，反腐倡廉宣传教育历来是反腐倡廉建设的一个重要方面。从党中央提出建立健全惩治和预防腐败体系战略构想的过程看，自2003年10月，党的十六届三中全会第一次提出要“建立健全与社会主义市场经济体制相适应的教育、制度、监督并重的惩治和预防腐败体系”，到2005年初，中共中央颁发《建立健全教育、制度、监督并重的惩治和预防腐败体系实施纲要》，再到2008年5月，中共中央颁发《建立健全惩治和预防腐败体系2008—2012年工作规划》，自始至今都将反腐倡廉宣传教育列为惩治和预防腐败体系的一个重要内容。从惩治和预防腐败体系的要素构成看，宣传教育、制度、监督、改革、纠风、惩治这六个要素有机统一于惩治和预防腐败体系之中，是一个完整的系统，其中宣传教育是基础，制度是保证，监督是关键，改革是动力，纠风是导向，惩治是后盾，六者相互渗透、相互促进、协调发展、不可分割，共同构成惩治和预防腐败体系的基本框架。

（二）反腐倡廉宣传教育是惩治和预防腐败体系的基础工程

思想是行动的先导。党员干部能否清正廉洁，首先取决于是否牢固树立正确的世界观、人生观、价值观和权力观、地位观、利益观。唯物辩证法认为，党员干部立党为公、廉洁从政的思想不是与生俱来的，也不是凭空产生的，而是通过接受反腐倡廉宣传教育而获得的。建立健全惩治和预防腐败体系，必须从反腐倡廉宣传教育抓起，不断夯实党员干部廉洁从政的思想道德基础，筑牢拒腐防变的思想道德防线。做好党员干部廉洁从政的奠基工程，要加强理想信念宣传教育、党性党风党纪宣传教育、廉洁从政宣传教育，要深入开展示范宣传教育、警示宣传教育和岗位廉政宣传教育。通过深入开展反腐倡廉宣传教育，着力增强党员干部的宗旨观念，切实做到立党为公、执政为民；着力提高实践能力，切实用党的科学理论指导工作实践；着力强化责任意识，切实履行党和人民赋予的职责；着力树立正确政绩观，切实按照客观规律谋划发展；着力树立正确利益观，切实把人民利益放在首位；着力增强党的纪律观念，切实维护党的团结统一。

（三）反腐倡廉宣传教育是惩治和预防腐败体系完整链条的起点

在惩治和预防腐败体系中，宣传教育、制度、监督、改革、纠风、惩治六个要素环环相扣，步步深入，共同构成惩治和预防腐败体系的完整链条。这根链条的第一个环节是发挥道德自律功能的环节，通过开展反腐倡廉宣传教育，加强道德教化，把反腐倡廉的要求内化为党员干部的思想观念和行为习惯。第二个环节是发挥制度约束功能的环节，通过制定法规制度，明确规定什么是错误的行为，违反有关规定应当接受什么样的处罚等等，与第一个环节相比，增加了强制性的要求。第三个环节是发挥监督他律功能的环节，通过加强监督，制衡党员干部的言行，与第二个环节相比，强制力进一步增强。第四个环节是强化前三个环节效能的环节，通过改革，铲除滋生腐败的土壤和条件，增强教育的针对性、制度的科学性和监督的有效性。第五个环节是发挥纠偏矫正功能的环节，通过对轻微违反有关规定的行为进行纠正，使之回到合乎规定的道路上来，与第四个环节相比，包含了处罚的成分。第六个环节是发挥纪律、法律惩戒功能的环节，对违反有关规定的行为作出相应的惩治，以儆效尤。这样，这根链条从注重自律的道德教化起始，经过制度、监督、改革、纠风阶段，他律的强制力逐步增强，到最终结束于法律阶段，构成了从自律、他律到法律的完整递进关系。在这个递进关系中，宣传教育为党员干部正确行使权力提供内在动力，制度为正确行使权力提供行为规范，监督为正确行使权力提供外部压力，改革为正确行使权力创新体制机制，纠风为不当行使权力矫正错误，惩处对错误行使权力进行惩诫，将自律、他律、法律三种机制有机统一于惩治和预防腐败体系之中。链条定律认为，整根键条的强度取决于每一节链条的强度。惩治和预防腐败体系这根链条的强度，取决于宣传教育、制度、监督、改革、纠风、惩治各个环节的强度。所以，建立健全惩治和预防腐败体系，必须全面坚持标本兼治、综合治理、惩防并举、注重预防的方针，着力加强包括反腐倡廉宣传教育在内的惩治和预防腐败体系各个环节的建设。

二、惩治和预防腐败体系六个要素之间的良性互动和互相促进关系

在惩治和预防腐败体系中，六个要素之间存在着互相渗透、互相促进的关系。加强宣传教育，可以提高党员干部遵守制度的自律性、接受监督的自觉性、改革创

新的主动性、纠正歪风的自愿性，减少腐败问题的发生，为制度、监督、改革、纠风、惩治创造有利条件和良好氛围；完善制度，可以提高宣传教育的有效性，巩固改革的成果，为监督提供依据，为纠风提供标杆，为惩治提供准绳；强化监督，可以巩固宣传教育的效果，保证制度的落实，为改革创新提供依据，有效弱化不良风气，为惩治腐败提供准确线索；深化改革，可以增强宣传教育的针对性、制度的规范性、监督的科学性、纠风的及时性和惩治的有效性；从严纠风，可以增强宣传教育的扎实性、提高制度的执行力、强化监督的落实度、推进改革的攻坚力、减轻惩治的艰难度。坚决惩治，可以增强宣传教育的说服力、制度的约束力、监督的威慑力，纠风的匡正力，改革的推动力。

建立健全惩治和预防腐败体系，要着力创造条件，形成有利于六个要素间良性互动、互相促进的领导体制、工作机制，大力推进六个要素间的良性互动和互相促进，以发挥体系建设的综合效应。

三、正确处理反腐倡廉宣传教育与惩治和预防腐败体系其他要素的关系

从中国共产党反腐倡廉的实践历程看，在作出建立健全惩治和预防腐败体系的战略决策前，宣传教育、制度、监督、改革、纠风、惩治六个方面的工作任务都在部署、都在落实。之所以将六个要素统一纳入惩治和预防腐败体系之中，其本质要求之一就是要克服现实中存在的六项工作互相割裂、孤立开展导致的效果不彰的弊端，加强六个要素之间的良性互动，从而发挥六个要素

互相促进的整体功能。所以，必须正确认识和处理惩治和预防腐败体系中反腐倡廉宣传教育与其他五个要素的关系，作到既有利于夯实惩治和预防腐败体系的思想道德基础，又有利于制度、监督、改革、纠风、惩治等要素的深化和推进，从而充分发挥惩治和预防腐败体系的整体功能。

（一）正确处理宣传教育与制度的关系

正确处理宣传教育与制度的关系，有利于促进宣传教育与制度的良性互动。要把制度的宣传教育作为反腐倡廉教育和廉政文化建设的重要内容，通过广泛深入的宣传教育，着力提升党员、干部对制度文化的认同感，使广大党员、干部领会制度精神、熟知制度内容，不断增强制度意识，牢固树立严格按制度办事的观念，养成自觉执行制度的习惯，把制度转化为党员、干部的行为准则、自觉行动。既要宣传制度规定了什么，又要宣传制度如何执行、如何落实、如何监督，最大限度扩大制度的透明度和影响力，努力营造人人维护制度、人人执行制度的良好氛围。要结合典型案例、采取多种形式、通过多种渠道，经常讲、反复讲，使广大党员、干部广泛了解制度、自觉运用制度、有效监督制度执行。要把宣传教育的制度建设作为反腐倡廉制度建设的重要内容，完善以加强对领导干部教育为重点的相关制度建设，提高反腐倡廉宣传教育的科学性、规范性、有效性。要坚持和完善党委（党组）中心组学习、主要负责同志定期讲廉政党课等制度，建立健全党性定期分析、反腐倡廉民主生活会等制度，把理想信念和廉洁从政教育融入各项制度规范之中，构建充分发挥教育说服力和制度约束力整体功效的党性党风党纪教育机制。要加强和改进教育培训工作，完善示范教育、警示教育、岗位廉政教育等制度，丰富教育内容，改进教育方式，提高教育实效。要加强基层反腐倡廉教育，建立基层党员轮训、流动党员教育等制度，拓宽教育渠道，创建全方位、全覆盖的基层党员教育机制。要加强和改进反腐倡廉宣传教育工作，建立健全联席会议、新闻发布、对外宣传等制度，加强对廉政勤政先进典型的宣传。要加强对反腐倡廉教育规律问题的研究，把握党员、干部思想变化特点和心理活动特征，吸收相关学科研究成果，制定贯穿干部培养、选拔、管理、使用全过程的反腐倡廉教育实施办法，以制度明确教育目标、落实教育责任、规范教育内容、拓宽教育领域，加快形成有利于党员干部坚定理想信念、弘扬优良作风、增强廉洁意识和树立正确的世界观、权力观、事业观的拒腐防变教育长效机制。

（二）正确处理宣传教育与监督的关系

正确处理宣传教育与监督的关系，有利于促进宣传教育与监督的良性互动。要把监督的宣传教育作为反腐倡廉教育和廉政文化建设的重要内容，深入广泛地宣传监督的主要对象、基本内容、重点环节、重要领域，使广大人民群众和党员、干部明确监督的对象，了解监督的内容，掌握监督的方法，熟悉监督的途径，提高监督的成效。要加强对党员、干部的教育，增强党员、干部特别是领导干部自觉接受监督的意识，使党员、干部按照有关要求主动报告重大事项，自觉接受党组织和广大人民群众的监督。要加强依法开展监督的宣传教育，提高人民群众依法监督的意识和能力，为依法监督提供舆论支持，发挥监督对违纪违法行为的制衡效能。要把反腐倡廉宣传教育的监督作为监督的重要内容，加强对党员领导干部执行反腐倡廉宣传教育制度情况的监督，提高反腐倡廉宣传教育制度的执行力和落实度。要明确监督重点、提高监督效能，一是要加强对宣传教育制度落实情况的监督。反腐倡廉宣传教育是具有刚性要求的宣传教育，开展宣传教育的目标、任务、内容、项目要具体、明确，接受教育的对象、学时要细化量化，对党员干部接受教育的情况要进行考核。二是要加强对宣传教育内容的监督。反腐倡廉宣传教育是政治性很强的宣传教育，开展宣传教育的内容必须符合党的基本理论、基本路线、基本纲领，确保用正确的反腐倡廉理论武装广大党员干部的头脑。三是要加强对宣传教育取得成效的监督。反腐倡廉宣传教育是讲求实效的宣传教育，要采取科学规范的评估方法，对开展宣传教育的实际效果进行测评，对效果不佳的进行督促改进，使宣传教育取得实实在在的成效。

（三）正确处理宣传教育与改革的关系

正确处理宣传教育与改革的关系，有利于促进宣传教育与改革的良性互动。要把改革的宣传教育作为反腐倡廉教育与廉政文化建设的重要内容，通过广泛深入的宣传教育，使广大党员干部掌握通过改革创新铲除、减少腐败滋生蔓延的土壤和条件的方法、途径，增强创新意识和战胜腐败的信心和决心。要大力宣传以改革创新精神、求真务实作风推进惩防体系建设的做法、经验和体会，不断推进反腐倡廉建设观念创新、体制创新、机制创新、内容创新、形式创新、方法创新、手段创新、科技创新，切实增强反腐倡廉宣传教育的针对性、实效性和吸引力、感染力。要把宣传教育的改革作为反腐倡廉改革的重要内容，深入探索新形势下开展反腐倡廉宣传教育的新方法、新途径，建立健全宣传教育的长效机制，着力解决宣传教育工作中存在的针对性和实效性不强、吸引力和感染力不强等问题。要适应时代发展进步的要求，重视提高宣传教育的科技化水平，加强信息技术的运用，综合运用政治学、经济学、心理学等多学科成果，提高宣传教育的渗透力和亲和力，增强宣传教育的针对性和实效性。

（四）正确处理宣传教育与纠风的关系

正确处理宣传教育与纠风的关系，有利于促进宣传教育与纠风的良性互动。要把纠风的宣传教育作为反腐倡廉教育和廉政文化建设的重要内容，通过广泛深入的宣传教育，弘扬新风正气，鞭笞歪风邪气，加强党员党性修养和领导干部作风建设。要深入宣传解决人民群众反映强烈的、严重损害人民群众切身利益的问题所取得的成效，以关注民生、反映民意、维护民权所取得的实际成效取信于民。要不断教育和引导各级领导干部按照科学发展观的要求切实转变作风，真正做到为民、务实、清廉，自觉发扬党的光荣传统和优良作风，自觉抵御各种腐朽落后思想观念的侵蚀，推动经济社会又好又快发展，形成共同构建社会主义和谐社会的强大力量，永葆先进性，切实把反腐倡廉工作引向深入。要把纠正宣传教育工作中的不良风气作为纠风工作的重要内容，纠正违反宣传教育特点和规律的宣传教育方式方法，扎实推进反腐倡廉宣传教育。反腐倡廉宣传教育是完善惩治和预防腐败体系的“软件工程”、长效工程，不可能毕其功于一两次“声势浩大”的宣传教育活动，不可能毕其功于板着面孔说教的灌输教育。要认真总结长期以来反腐倡廉教育不扎实的教训，切实纠正一些地方宣传教育中存在的只图上“星”见报、不重实际成效，台上激昂说教、台下闲谈睡觉等不良风气，通过持续有力、潜移默化的渗透、滴灌、融入，将反腐倡廉的先进文化元素注入党员干部的思想、心灵中，内化为党员干部的行为准则和自觉行动。要纠正一些党员领导干部不愿做过细思想工作的不良风气，进行宣传教育的对象、岗位细分，深入开展个性化教育、分类教育、岗位教育，以针对性的教育提高宣传教育的实效性。

（五）正确处理宣传教育与惩治的关系

正确处理宣传教育与惩治的关系，有利于促进宣传教育与惩治的良性互动。要把惩治的宣传教育作为反腐倡廉宣传教育的重要内容，通过深入宣传查办大要案件的成果，体现党和政府坚决反对腐败的坚定决心和坚强信心，鼓舞人民群众参与反腐败斗争的信心和热情，震慑违纪违法分子，保持惩治腐败的强大威慑力。深入剖析重大典型案件发生的主客观原因，开展警示教育，发挥查办案件的治本功能，使广大党员干部，特别是领导干部牢固树立法律面前人人平等、制度面前没有特权、制度约束没有例外的意识，教育引导党员干部特别是党员领导干部带头学习制度、严格执行制度、自觉维护制度。要把惩治反腐倡廉宣传教育中的违纪违法行为作为惩治的重要内容，对不讲政治，发表违反党的反腐倡廉基本理论、基本路线、基本纲领言论，或在开展反腐倡廉宣传教育活动中违纪违法的党员干部要严肃追究党纪政纪责任。

（山西省惩治和预防腐败体系建设领导组办公室、驻山西省新闻出版局纪检组、监察室联合课题组）

课题负责人：石德轩

课题执笔人：石德轩、阎军东、王对平

后 记

《建立反腐倡廉宣传教育长效机制研究》一书，是中央纪委惩防体系办“构建惩治和预防腐败体系问题研究”重大调研课题的成果之一，也是全省反腐倡廉宣传教育认识创新、实践创新、理论创新的成果之一。

山西省委副书记、省纪委书记、省惩防体系建设领导组副组长金道铭同志对本课题的研究高度重视，亲自担任课题调研组组长，并为本书作序。省纪委常委会对本课题的研究给予了大力支持，听取了开展课题调研情况的汇报，组建了课题调研组。省纪委副书记、省惩防体系建设领导组办公室副主任李正印，省纪委常委、秘书长贾毓杰，省纪委常委孟萧等同志担任课题调研组副组长，具体领导实施课题调研工作。省纪委常务副书记刘巩同志认真审阅了主调研报告，提出了重要的修改意见。太原市委常委、市纪委书记弓跃，朔州市委常委、市纪委书记刘国庆，长治市委常委、市纪委书记高建国，运城市委常委、市纪委书记赵建平对有关分课题的调研高度重视，领导有力。省委政研室副主任霍甫安，省委党校副校长高建生，省社科院副院长贾桂梓，省煤炭运销总公司纪委书记张泽田，省纪委政策法规研究室主任张稳科，省纪委宣传教育室主任李江龙，省委组织部党建研究所所长、省党建研究会秘书长胡志国，太原市杏花岭区委常委、纪委书记姜二爱等同志对课题调研给予了热情具体指导。省科技厅党组成员、纪检组长王宏，省新闻出版局党组成员、纪检组长田奇越等同志对课题调研提供了大力帮助。山西大学公管学院张文君、张晓琳、张清同志为总报告的调研作了大量基础性工作。山西省科技厅将本课题调研列入了 2010 年度山西省软科学研究项目。

本课题及各分课题的承担单位和执笔者情况是：

《建立反腐倡廉宣传教育长效机制研究》，山西省惩防体系办负责，山西大学公管学院参与，执笔：石德轩；

《新形势下深入开展反腐倡廉宣传教育的重要意义研究》，山西省纪委宣教室负责，山西省青干院、山西省社科院参与，执笔：王华梅、王俊刚；

《把握教育规律　体现时代特征　科学确定新形势下反腐倡廉宣传教育内容》，长治市纪委负责，山西省委党校参与，执笔：王建军、李玉忠、徐文亮；

《着力改进方式方法　积极完善体制机制　提高反腐倡廉宣传教育的科学性　规范性　有效性》，运城市纪委负责，山西省煤炭运销总公司参与，执笔：薛帅军、杨谦；

《新形势下深入推进廉政文化建设的路径选择》，太原市纪委负责，山西省社科院、太原市社科院参与，执笔：庞丽峰、程淑兰、刘栩；

《推进新时期反腐倡廉宣传教育制度建设研究》，

朔州市纪委负责，山西大学公管学院参与，执笔：胡伟、宋旭、张文君、张晓琳；

《新形势下反腐倡廉宣传教育与惩治和预防腐败体系其他要素的关系研究》，山西省惩防体系办负责，山西省新闻出版局参与，执笔：石德轩、阎军东、王对平。

山西省新闻出版局监察室主任靳保贞、山西省惩防体系办董京华、吴兆国、赵炜、李鹏伶、王雷等同志及出版社编辑同志为本书问世付出了辛勤劳动，在此一并致谢。

建立反腐倡廉宣传教育长效机制是建立健全惩治和预防腐败体系的重要方面，开展建立反腐倡廉宣传教育长效机制研究是一项长期的任务。我们的研究还处于起步阶段，恳请各位有识之士批评指正、不吝赐教。

《建立反腐倡廉宣传教育长效机制研究》课题组

2010年11月